# JOHANN WOLFGANG GOETHE: IPHIGENIE AUF TAURIS

Von

GÜNTHER HOLST

VERLAG MORITZ DIESTERWEG
Frankfurt am Main · Berlin · München

Die Reihe wird herausgegeben von Hans-Gert Roloff.

ISBN 3-425-06467-3

4. Auflage 1983

Umschlaggestaltung: Reinhard Schubert, Frankfurt am Main

Druck: Oscar Brandstetter Druckerei GmbH & Co. KG, Wiesbaden
Bindearbeiten: WIVB, Wiesbaden

# Inhalt

# Allgemeine Grundlagen

## Zum Drama der Goethezeit

Die drei Jahrzehnte zwischen Goethes Ankunft in Weimar (1775) und Schillers Tod (1805) weisen eine unvergleichliche Fülle von Schöpfungen auf, die bis zur heutigen Zeit einen bedeutenden Beitrag zum gesamten deutschen kulturellen Schaffen darstellt. Angesichts dieses Reichtums läßt sich die Frage nach dem Grundcharakter der Zeit nicht mit einer Formel beantworten. Wenngleich eine Einheit spürbar ist, so erschließt sie sich der Anschauung nur als vielgliedrige Ganzheit einer großen geistigen Bewegung. Sie „begründet ein bestimmtes Verhältnis von Mensch und Welt, von Mensch und Gott. Die führenden Geister der Epoche erfahren den Menschen als einen, der immer mehr Einzelmensch wird, im Stadium der Loslösung aus den großen, übergreifenden Bindungen altkirchlicher Religiosität und altständischer Gesellschaft. In dem Augenblick, da im Vorgang solcher Loslösung das Absolute, früher in solchen Bindungen geborgen..., sich zu verflüchtigen droht, wird es noch einmal ... beschworen, in Wort und Klang und Form gebunden, wird das Ewige im Zeitlichen neu erfahrbar gemacht als schöpferische Gott-Natur (Goethe), als Idee (Schiller), als freierfüllbares Gesetz (Kant). ... Die Welt wird in der Kunst dieses Zeitalters darstellend gedeutet vom Menschen her, vom erlebenden Einzelwesen aus ... Aber wie reich diese subjektive Weltdeutung auch abgewandelt wird: sie bleibt doch überall bezogen auf das Absolute, die Welt wird noch gläubig als göttliche Schöpfung erfahren, in allen einzelnen Erscheinungen von göttlichen Kräften durchwirkt, und das dichterische Vermögen bewährt sich immer wieder im Verlangen und in der Kraft, das Einzelne, Wirkliche und Vergängliche als Gleichnis des Ewigen zu sehen und sichtbar zu machen." (Wolfdietrich Rasch: Die Zeit der Klassik und frühen Romantik, S. 465 f.) Dieses so überaus fruchtbare Zeitalter schöpft jedoch nicht ausschließlich aus sich selbst heraus. Das Gedankengut der Goethezeit ist weitgehend Wandlung, Neuprägung und Vollendung der gesamten abendländischen Überlieferung aufgrund einer umfassenden Neuerschließung des Vergangenen. „Germanisches, Antikes, Christliches durchdringt sich hier, verschmilzt in der neuen Einheit lebendiger Gestalt." (Rasch, a.a.O., S. 466)

Die neue Phase der Entwicklung des deutschen Dramas, die in der Klassik Goethes und Schillers einen Höhepunkt erreicht, ist vornehmlich von Lessing ausgegangen. Sein Verdienst liegt darin, grundlegende theoretisch-ästhetische Probleme neu durchdacht, präzisiert und in die Praxis umgesetzt zu haben. So deutet er den klassischen Begriff der Katharsis als Furcht für den Helden und als ein auf den Zuschauer bezogenes Mitleid. Er bestreitet die vorherrschende Auffassung, nach der die französische Tragödie die antike im wesentlichen erneuert habe.

Aber so sehr sich Lessing als Kritiker und Theoretiker für Shakespeare einsetzte, so wenig vermag er ihm als Dramatiker zu folgen. Richtungweisend bleiben für ihn Ratio und klare innere Voraussetzungen in Figuren- und Handlungsaufbau. Charakteristisch für seine Dramen sind ein lückenlos geschlossenes, mit zwingender Konsequenz ablaufendes Handlungsgefüge und eine geschliffene dialektische Rede. Die Summe seiner dramaturgischen Einsichten gibt Lessing mit *Emilia Galotti* (1772).

Im Erscheinungsjahr dieses Dramas schreibt Goethe, der seit 1770 entscheidende Impulse von Herder empfängt, bereits an seiner *Geschichte Gottfriedens von Berlichingen*, die mit der Sprengung der Form mehr in epischer als in dramatischer Ausführung Shakespeare als großem Vorbild folgt. Im *Götz* zeichnet Goethe eine neue tragische Weltsicht, in der die prätendierte Freiheit des Einzelwillens mit dem notwendigen Gang des Ganzen zusammenstößt. Im Drama des Sturm und Drang bricht die bei Lessing schon in Ansätzen spürbare Gesellschaftskritik in leidenschaftlicher realistischer Darstellungsweise durch. Die Grenzen zwischen Natur und Kunst werden zugunsten des ursprünglichen Schöpfertums, das sich genialisch über alle Regeln hinwegsetzt, verwischt. Lessing, der noch am Ende seiner *Hamburgischen Dramaturgie* (1769) vor dem übersteigerten Genie warnt, sieht ein, daß Shakespeare, einer anderen Gegenwart und einem anderen Sprachraum zugehörend, kein Vorbild für die deutsche Bühne sein kann. Bei Goethe bleibt es bei dem einen Versuch des *Götz*. Während sich im Gefolge dieses Dramas unter seinen Zeitgenossen das titanische Gefühl, die leidenschaftliche Sinnlichkeit und das drängende Lebensgefühl auswirken, setzt um 1775, auf dem Höhepunkt des irrationalen Subjektivismus, auch schon ein Wendepunkt ein. Goethe geht unter Lessings Einfluß im *Clavigo* (1774) auf Form und Forderung des Theaters zurück; es beginnt ein langsamer Reifeprozeß, in dem 1779 die Prosafassung der *Iphigenie* erscheint. In seinen Dramen taucht immer wieder eine im *Götz* schon enthaltene Grundspannung auf „zwischen dem Anspruch des Menschen auf sein Individualsein und einer objektiven Ordnung, der er dieses Persönliche zu unterwerfen, aufzuopfern hat." (Otto Mann: Geschichte des deutschen Dramas, S. 206) Auch Schiller wendet sich, langsamer und später jedoch, von dem jugendlichen Radikalismus der *Räuber* (1781) hin zu der ihm gemäßen Vorstellungswelt von edler Größe und hohem Pathos.

Die Jahre bis zur Italienischen Reise (1786–88) bringen Goethe in seiner Tätigkeit am Weimarer Hof die Begegnung mit dem realen Leben und eine Neuhinwendung zur Antike, wobei er von Winkelmanns Konzept der edlen Einfalt und stillen Größe jener Welt ausgeht.

Nach 1783 macht sich auch der Einfluß Herders wieder geltend, dessen *Ideen* im engen Gedankenaustausch mit Goethe den Begriff der Humanität als eine universell gültige Verwirklichung der geistigen und sittlichen Bestimmung des Menschen deuten. „Humanität bedeutet in dieser erweiternden Herderschen Auslegung des Begriffs nicht nur Toleranz, Menschenliebe, Achtung vor der menschlichen Person, Mitgefühl; sie enthält all diese schon in der Stoa und in Ciceros Begriff der Humanitas wie in der christlichen Liebesethik geltenden Werte mit sich ..." (Rasch, a.a.O., S. 485) Auf *Iphigenie* weisen auch die folgenden 1784 unter dem Einfluß dieses Humanitätsideals entstandenen Stanzen aus dem Fragment *Die Geheimnisse*: „Von der Gewalt, die alle Wesen bindet, / Befreit der Mensch sich, der sich überwindet." Damit ist der erzieherische Gedanke eines Humanitätsbegriffs ausgedrückt, der auf die Vervollkommnung des Menschen in der Gesamtheit aller menschlichen Anlagen zielt und in künstlerischer Hinsicht bestrebt ist, in der Form alles Subjektive in einem objektiven, die Zeiten überdauernden Bild zu fassen.

## Zum griechischen Mythos

*Die Atriden*

Atreus und Thyestes, die Söhne des Tantalidensprosses Pelops, zerstritten sich nach dem Tode ihres Vaters über die Herrschaft von Mykene. Mit Hilfe von Zeus wurde Atreus Alleinherrscher. Thyestes nahm jedoch einen aus erster Ehe stammenden Sohn seines Bruders mit in die Verbannung, zog ihn als seinen eigenen auf und beauftragte ihn, Atreus zu ermorden. Doch der Versuch mißlang.

Erneut auf der Flucht zeugte Thyestes unerkannt mit seiner Tochter Pelopia einen Sohn: Aigisthos. Pelopia indessen wurde Gattin des Atreus, und dieser sah in Aigisthos seinen eigenen Sohn. Atreus beauftragte Aigisthos, Thyestes zu erschlagen. Doch Thyestes erkannte ihn, stimmte ihn um und befahl ihm, Atreus zu töten. Dies geschah, und Thyestes wurde König von Mykene.

*Agamemnon*

Als Nachfolger seines Vaters Atreus gelang es Agamemnon, Thyestes vom Thron zu vertreiben. Aus seiner Ehe mit Klytaimnestra gingen die Töchter Iphigeneia und Elektra sowie der Sohn Orestes hervor. Um die Schmach seines Bruders Menelaos zu rächen, dessen Frau Helena durch den trojanischen Königssohn Paris entführt worden war, zog Agamemnon mit dem Heer der Griechen gegen Troja. In Aulis, wo die griechische Flotte vor Anker lag, verhängte die Jagdgöttin Artemis eine Flaute, weil sie sich durch Agamemnons Prahlen, er sei ihr im Jagen ebenbürtig, beleidigt fühlte. Der Priester Kalchas verkündete, Artemis würde sich nur besänftigen lassen, wenn Agamemnon seine Tochter Iphigeneia opfere.

Klytaimnestra, durch die vermeintliche Opferung Iphigeneias von Haß gegen Agamemnon erfüllt, nahm Aigisthos, den Sohn des Thyestes, der bei der Niederlage seines Vaters entkommen war, zu ihrem Liebhaber und plante mit ihm zusammen die Ermordung Agamemnons. Als dieser nach seiner Rückkehr vom Trojanischen Krieg aus dem Bade stieg, wurde er, hilflos in einem Netz verstrickt, von Aigisthos und Klytaimnestra gemeinsam erschlagen.

*Orestes*

Während Aigisthos' Herrschaft wuchs Orestes bei einem Onkel zusammen mit dessen Sohn Pylades auf. Auf Apollos Rat hin kehrte er nach Mykene zurück und erschlug Aigisthos und Klytaimnestra. Wegen des Muttermordes wurde er jetzt von den Erinnyen verfolgt. Ein zweiter Orakelspruch sagte ihm Erlösung zu, wenn er das hölzerne Standbild der Göttin Artemis nach Griechenland bringe.

Kurz vor ihrer Opferung war Iphigeneia von Artemis, deren Zorn besänftigt war, nach der taurischen Halbinsel entrückt worden, wo sie ihr als Priesterin diente. Orestes und Pylades wurden auf der Suche nach dem Standbild gefangengenommen und Iphigeneia zum rituellen Opfer vorgeführt. Während der Vorbereitungen erkannten sich die Geschwister. Darauf erklärte Iphigeneia dem König Thoas, sowohl das Bild wie die Opfer müßten zuerst im Meer gesäubert werden. Durch diese Täuschung konnten sie das Schiff erreichen und mit Hilfe der Götter nach Griechenland zurückkehren.

## Andere Bearbeitungen des Stoffes

Von der Antike bis zur Gegenwart, mit Ausnahme nur des Mittelalters, sind Dichter von dem Sagenkreis um Iphigenie angeregt worden. Das Schicksal der Königstochter, die in Aulis zur Besänftigung der Göttin Artemis (Diana) geopfert, durch diese als Priesterin nach Taurien entrückt wird, dort nach langer Zeit ihren von Furien verfolgten Bruder Orest wiedertrifft und schließlich in Delphi den grausamen Fluch von dem Geschlecht der Atriden löst, mußte nachgerade die Dramatiker zur Darstellung herausfordern.

Der erste Teil bis zum freiwilligen Opfertod Iphigenies für das patriotische Unternehmen gegen Troja – Iphigenie in Aulis – wird zuerst in den „Kyprien", einem Epos aus der nachhomerischen Zeit erzählt:

„In der älteren Sage dürfte das Kindesopfer tatsächlich vollzogen worden sein, denn noch Aischylos weiß, daß es eine gewaltsame Opferung war, … Für die ‚Kyprien' jedoch ist die Humanisierung der Sage im Hauptgeschehen wesentlich: Iphigenie nimmt den Tod freiwillig auf sich, aber die Göttin will kein Menschenopfer mehr, sondern liefert selbst den Tierersatz …

Für die Sage von Iphigenie im Taurerland ist das Epos nicht überliefert, aber es gilt als sicher, daß schon hier das Schicksal der Priesterin mit der Orestsage verknüpft war … Doch die Blutzeiten waren vorbei; die Geschwister erkannten sich, raubten gemeinsam das Bild der Göttin und flohen in die Heimat."

(Lieselotte Blumenthal: Iphigenie von der Antike bis zur Moderne, S. 11 f.)

Der Stoff der Sage enthält das Grundschema für alle folgenden Iphigenie-Dramen, von denen hier natürlich nur das taurische Segment behandelt wird. Die Vorlage für Goethes Drama war *Iphigenie bei den Taurern* von Euripides (ca. 412 v. Ch.). Da es für die gesamte Iphigenie-Tradition von großer Wichtigkeit ist, soll der Inhalt kurz umrissen werden.

Wie so oft verließ Euripides auch beim Iphigenie-Stoff den überlieferten Mythos: Artemis, so erfahren wir in der Taurischen Iphigenie, hat das Opfer des Mädchens gar nicht verlangt – dies war eine Wahnidee des Sehers Kalchas. Die Göttin substituierte als Opfer eine Hirschkuh und entführte die Königstochter nach Taurien. Dort ist sie Priesterin der Artemis, der sie alle Fremden zu opfern hat, die das Land betreten. Der Trojanische Krieg ist inzwischen beendet, Klytaimnestra hat ihren heimgekehrten

Gemahl erschlagen und ist selber unter dem Rachebeil Orests gefallen. Der seit dem Muttermord von den Furien verfolgte Orest ist nun auf Apollos Geheiß nach Taurien gekommen, um das Standbild der Artemis zu entführen und nach Attika zu bringen. Wenn ihm dies gelingt, so wird er von der Heiligen Krankheit, der Epilepsie, befreit werden.

Hier setzt der Prolog des Dramas mit Iphigenies Auftritt ein. Sie berichtet, wie aus ihr eine menschenmordende Priesterin werden konnte. Ein Traum läßt sie befürchten, selbst ihren Bruder Orest, den letzten der Atriden, geopfert zu haben. Deshalb will sie ihm das Totenopfer spenden. – Nach ihrem Abgang treten Orest und Pylades auf. Sie entdecken den Tempel und beschließen, in der Nacht das Bild zu entführen.

Im Mittelpunkt des ersten Epeisodions berichtet ein Hirte von den zwei Fremdlingen, die man ergriffen hat und der Artemis opfern will. Da Iphigenie inzwischen der Tod Orests zur Gewißheit geworden ist, soll ihre Rache die beiden unbekannten Griechen treffen, stellvertretend auch für Menelaos und Helena, denen sie die Schuld an ihrem eigenen Schicksal zuschreibt. Das zweite Epeisodion wird von den Motiven der Wiedererkennung und Intrige getragen. Wie Orest und Pylades zum Tempel gebracht werden, empfindet Iphigenie plötzlich Mitleid. Auf ihre Frage nach Namen und Heimat schweigt Orest. Aus Dank für die Nachricht von den Helden und Opfern des Trojanischen Krieges, die sie von ihm empfangen hat, will sie ihn vor der Opferung retten und ihn mit einem Brief nach Argos schicken. Doch Orest verzichtet zugunsten von Pylades und nimmt von diesem Abschied. Apolls Auftrag erscheint ihm jetzt vollends als trügerisch. Damit die Nachricht auch überbracht werden kann, wenn der Brief verloren geht, verliest Iphigenie Adresse und Inhalt. Es ist ein vor langer Zeit verfaßtes Lebenszeichen an ihren Bruder Orest. Damit setzt die Erkennungsszene ein. Pylades unterbricht den Jubel der Geschwister und mahnt zur Flucht. Man wird Thoas sagen, Orest sei durch Muttermord befleckt und müsse vor der Opferung zusammen mit dem Bild der Göttin im Meer entsühnt werden, wobei kein Bewohner zuschauen dürfe. Im dritten Epeisodion gibt Thoas dazu seine Erlaubnis. Der Schlußteil, die Exodos, ist noch einmal voll von Dramatik. Durch einen Boten erfährt Thoas von der mißglückten Abfahrt der Griechen. Er gibt den Befehl, das Schiff festzuhalten. Doch da erscheint Athene als Dea ex machina: Poseidon wird die Geschwister sicher in die Heimat geleiten, damit der vom Wahnsinn befreite Orest der Artemis Tauropolos in Brauron einen Tempel erbaue und Iphigenie ihr dort als Priesterin diene.

Von einem Drama Racines über die taurische Iphigenie ist nur der erste Akt in einer Erstausgabe von 1747 erhalten. Darin ist Thoas die Identität Iphigenies nicht bekannt. In Aulis ist sie durch Piraten vor der Opferung bewahrt und nach Taurien gebracht worden, wo sich Thoas' Sohn in sie verliebt. Doch Thoas mißbilligt die Wahl seines Sohnes, da Iphigenie eine Sklavin und deshalb eines Prinzen unwürdig ist. Der humane Prinz bittet Thoas schließlich um Orests und Pylades' Leben. Mit diesen Einzelheiten, einschließlich des Liebesmotivs, leitet Racine die von Robert Heitner ausführlich erläuterte neuere Tradition ein. (Die folgenden Passagen stützen sich im wesentlichen auf Heitners Ausführungen.)

François Joseph de Lagrange-Chancel (1697) hat als erster den Stoff der Iphigenie in Tauris den Regeln des neoklassischen Theaters und den Forderungen eines rationalistischen Publikums angepaßt. Iphigenies wundersame Ankunft und die Erinnyen werden so gut wie gar nicht erwähnt. Der Brennpunkt wird von Iphigenie auf Orest und dessen Freundschaft mit Pylades verlagert, wie schon aus dem Titel *Orest et Pilade, ou Iphigénie en Tauride* hervorgeht. Auch sonst gestattet sich Lagrange umfangreiche Abweichungen von Euripides. Der Höhepunkt der Handlung ist der Auftritt im vierten Akt, wo Pylades sich in wahrer Freundschaft als Orest ausgibt, um diesen vor dem Tode zu bewahren. Iphigenie nimmt dagegen eine recht untergeordnete und weniger sympathische Stellung ein. Während sie bei Euripides die Opfer lediglich weihte, zückt sie hier selbst das Messer. Die eigentliche Heldin ist ein neu erfundener Charakter, die kultivierte, human eingestellte Prinzessin Thomiris, die rechtmäßige Erbin des Landes. Auch Thoas ist kein Barbar. So gewinnt man den Eindruck, daß Tauris ein relativ aufgeklärtes Land unter der vorübergehenden Herrschaft eines moralisch schwachen Tyrannen ist. Indem Lagrange die taurische Zivilisation erhöht, beseitigt er den von Euripides betonten Gegensatz zwischen Griechen und Barbaren. Stattdessen führt er politische Motive und Liebesmotive ein.

Aus Sorge um ihr Land und ihren rechtmäßigen Anspruch auf den Thron verhilft Thomiris den drei Griechen zur Flucht. Thoas kommt bei der Verfolgung um. Eine Intervention von Seiten der Göttin wie bei Euripides erübrigt sich also. Thoas' Tod, der den rechtmäßigen Regierungswechsel in Tauris ermöglicht, vermittelt das erforderliche tragische Element; das moralisch Erhebende ist die selbstlose Freundschaft zwischen Orest und Pylades. Von Lagrange-Chancels Neuerungen ging ein entscheidender Einfluß auf die nachfolgende Tradition aus.

Im Jahre 1700 erschien eine *Iphigenie* in England, deren Autor, John Dennis, sich gegen die französische Fassung aussprach. Die Figur des Thoas wird von Dennis in eine leidenschaftliche Amazone verwandelt. Sie steht im scharfen Gegensatz zu einer edlen Iphigenie, die erst seit dem Vorabend Priesterin und so also noch unbefleckt vom Opferblut ist. Ihrer eigenen Opferung ist sie dadurch entgangen, daß ihre Eltern dem Priester eine verschleierte Sklavin untergeschoben hatten. Die Handlung des Schauspiels besteht zum größten Teil aus komplizierten Liebesverwicklungen. Die bei Lagrange fehlende ritualistische Säuberung des Standbilds führt Dennis wieder ein. Doch der Fluchtversuch wird vereitelt, und im 5. Akt findet darauf eine großartige Opferung statt. Das verschleierte Opfer stellt sich jedoch als Pylades heraus. Im letzten Moment eilt Orest mit seinen Griechen und einem Haufen von rebellierenden Tauriern zur Rettung seines Freundes herbei. Erst in dieser Szene erkennen sich Orest und Iphigenie. Bei aller Absurdität ist Dennis' Stück dennoch ein mutiger Versuch, die alte Fabel einem modernen Publikum auf einer idealistischen Basis statt der einer heroischen Freundschaft wie bei Lagrange schmackhaft zu machen.

Die erste *deutsche* Version ist Joseph Stranitzkys *Tempel Dianae, oder der Spiegel wahrer und treuer Freundschaft*, eine im ersten Viertel des 18. Jahrhunderts entstandene Wiener Haupt- und Staatsaktion. Dem Untertitel nach könnte Stranitzky mit Lagrange-

Chancels Schauspiel vertraut gewesen sein. Auf jeden Fall folgt er diesem in der Wahl des Freundschaftsbundes als des zentralen, das Publikum seiner Zeit ansprechenden Motivs und fügt zahlreiche Liebesverwicklungen hinzu. Die Hauptzüge der ursprünglichen Geschichte werden dadurch zu untergeordneten Elementen. Obwohl Orest sichtbar von Furien verfolgt wird, findet sein Verbrechen selbst nirgendwo Erwähnung. Überhaupt vermeidet der Autor alle tragischen Züge, wohl weil sie gegen den vorherrschenden Publikumsgeschmack verstoßen würden. Der Höhepunkt ist eine possenhafte Verwechslungsszene mit mehreren Liebhabern im Dunkeln. Wie bei Lagrange-Chancel ordnet Thoas, der sich in dieser verwirrenden Situation nicht mehr zurechtfindet, den Tod sowohl von Orest wie von Pylades an. Doch nun will Iphigenie statt ihres Bruders sterben. Diese Situation wird schließlich durch einen deus ex machina in der Person eines Astrologen gelöst.

Im Jahre 1737 schrieb Johann Elias Schlegel ein Schauspiel *Die Geschwister in Taurien*. Fünf Jahre später überarbeitete er es mit dem neuen Titel *Orest und Pylades*. Daraus läßt sich schließen, daß ihm die neuere Entwicklung des Stoffes bekannt war. Die Wiedervereinigung der Geschwister ist also nicht der Höhepunkt des Dramas. Stattdessen wird der Wetteifer der Freunde, sich jeweils als Orest auszugeben und den anderen vor dem Opfertod zu bewahren, zum Hauptelement der dramatischen Spannung. Iphigenie hat zwar mit eigener Hand Menschen geopfert, doch widerwillig und nur auf Befehl hin. Schlegel sucht diesen Makel auszugleichen, indem er Iphigenie viele edle Eigenschaften, darunter besonders weibliche Hoheit, verleiht. Nur weil Thoas diese Hoheit verletzt, läßt sich Iphigenie dazu hinreißen, ihn zu täuschen. Die Betonung dieses Charakterzuges bleibt vor Goethe einzig in der Iphigenie-Tradition.

Schlegel weicht jedoch nicht zu weit vom alt überlieferten Stoff ab. Bei ihm gibt es außer einer Vertrauten, die den griechischen Chor ersetzt, weder einen zusätzlichen Frauencharakter, noch irgendwelche Liebesverwicklungen. Das Problem der Menschenopferung als ein Symptom von irrationaler Götterverehrung wird mit philosophischem Ernst erörtert. Iphigenie ist überzeugt, daß die Göttin diesen barbarischen Ritus verabscheut. Sogar der Hohepriester bezweifelt seine Richtigkeit: „Was ist ein Götterdienst, den die Vernunft nicht schützet?" Nach Thoas' Tod regiert der Priester das Land voll und ganz im Sinne der Aufklärung.

Im Jahre 1747 erschien eine neue Bearbeitung des Stoffes, *Orest und Pylades* von Christoph Friedrich von Derschau, die sich offensichtlich auf die neuere Tradition, besonders auf Lagrange-Chancel, stützt. Der Gehalt auch dieses Schauspiels betont die Freundschaft zwischen den beiden Griechen, gegen die Iphigenies Schicksal in den Hintergrund tritt. Die Taurier sind keine Barbaren; Menschenopfer finden gewöhnlich nicht statt. Der Konflikt entspringt dem Umstand, daß Thoas der Bruder jenes Aigisthos ist, der zusammen mit Klytaimnestra von Orest erschlagen wurde. Auf dem Höhepunkt des Dramas steht Pylades vor der schweren Wahl zwischen Liebe und Freundschaft (i. e. Pflicht). Er gibt sich als Orest aus, doch beide werden durch die Eröffnung, daß Thoas den Thron usurpiert hat, vor dem Tode gerettet. Pylades ist der Vernunftmensch in diesem Schauspiel; er ist der fortschrittlich gesinnte

Mensch, der, statt Orakel zu glauben, auf eine aufgeklärte moralische Philosophie baut. Er klärt Iphigenie über die wahre Natur der Götter auf und überzeugt sie, daß die Tugend sie retten wird. Am Ende heiratet Pylades die Prinzessin Thomiris. Orest kehrt von seiner Verblendung geheilt mit Iphigenie nach Griechenland zurück.

Es muß hervorgehoben werden, daß die Iphigenie-Verfasser in dieser Periode statt einer ganzen Kultur jeweils nur eine Einzelperson für die Menschenopfer verantwortlich machen. Die barbarische Sitte wird unverzüglich abgeschafft, indem die betroffene Person entweder beseitigt wird oder aber einen Sinneswandel vollzieht. Dies entspricht den Ansichten der frühen Aufklärung, nach denen die menschlichen und gesellschaftlichen Bedingungen sich am ehesten durch die moralische Erziehung des Herrschers bessern ließen. Einer absoluten Monarchie als der besten und natürlichsten Regierungsform schmeichelte es, wenn der böse Thoas (bei Lagrange-Chancel und Derschau) als Usurpator entlarvt wurde, denn ein schlechter König war höchstwahrscheinlich auch ein unechter König. Darin scheint die politische Lehre der betreffenden Stücke zu bestehen.

Als nächste bedeutende Bearbeitung des Stoffes erschien 1757 in Frankreich *Iphigénie en Tauride* von Claude Guymond de la Touche. Diesem Schauspiel ist verschiedentlich ein gewisser Einfluß auf Goethe zugeschrieben worden. Wie Schlegel fühlte sich La Touche sowohl von Euripides wie von der neueren Tradition angezogen. Das Liebesmotiv sowie die zusätzliche weibliche Rolle (Thomiris) verschwinden, und wie der Titel andeutet, rückt Iphigenie wieder in den Mittelpunkt des dramatischen Geschehens. Die ersten drei Akte entsprechen, außer dem früheren Auftreten von Thoas, der Handlung bei Euripides. Nur nimmt Pylades den Auftrag, den Brief zu überbringen, aus einem von La Touche neu erfundenen Beweggrund an. Er will die Gelegenheit dazu benutzen, die Schiffsbesatzung zu versammeln und Orest zu retten. Zu diesem Zweck wird Pylades unter dem Vorwand der Purifikation vom Tempel weggeführt, wohingegen bei Euripides das Standbild einer ritualen Säuberung unterzogen werden sollte.

Die Wiedererkennung ist nicht nach Euripides, sondern nach einer anderen antiken Vorlage vollzogen, einem verlorenen Iphigenie-Drama von Polyeidos, das Aristoteles in seiner Poetik erwähnt. Iphigenie weiß im 4. Akt noch nicht, wer Orest ist, und bereitet widerstrebend seine Opferung vor. Als sie sich zum letzten Mal an Orest wendet und ihn fragt, ob Iphigenies wahres Schicksal den Griechen bekannt ist, antwortet Orest nur, daß er dem gleichen Schicksal geweiht sei. Nach einigen weiteren Sätzen erreicht das Schauspiel den Höhepunkt mit der Wiedererkennung. Im folgenden, äußerst theaterwirksamen 5. Akt drängt Thoas auf die Opferung, doch Iphigenie widersteht ihm mutig. Im letzten Moment kommt dann Pylades mit seinen griechischen Truppen zur Rettung.

Das Ringen Iphigenies um eine ihrem humanen Gefühl angemessene Auffassung von den Göttern stellt die innere Handlung des Dramas dar und ist gleichzeitig der bedeutendste Beitrag La Touches zum Iphigenie-Drama des 18. Jahrhunderts. Seine Iphigenie geht durch alle Stufen hindurch, von Unsicherheit und Verzweiflung bis zur festen Überzeugung. In dem glücklichen Ausgang sieht sie die Offenbarung des göttlichen Wirkens. Sie erkennt die Götter; das Gesetz der Natur ist gleichbedeutend mit dem Gesetz der Himmlischen. Im Endresultat bedeutet diese Erkenntnis zwar keinen Fortschritt über die anderen Iphigenie-Gestalten hinaus. Doch mit dem Prozeß des inneren Ringens hat La Touche ein wichtiges Element hinzugefügt. In Bezug auf Orests Schuld geht er weiter als seine Vorgänger, indem er das Verbrechen vom Muttermord auf einen weniger abstoßenden Totschlag herabsetzt. Orest lehnt alle Verantwortung dafür ab; er behauptet, die Götter hätten ihn zum Handeln gezwungen. Als widerstrebendes Werkzeug der Höheren gewinnt Orest den Zuschauern mehr Sympathie ab und erleichtert es, den Akt der Entfernung eines Bildes vom Tempel als Entfernung einer als mechanisch formulierten Schuld zu akzeptieren.

Hinsichtlich des Stoffes folgt auch Goethes *Iphigenie auf Tauris* (Prosafassung 1779, Versfassung 1787) in einigen Zügen der neueren Tradition. Wichtiger ist jedoch, was Goethe aus eigenen Impulsen dem Stoff hinzugefügt hat. Von ihm stammt die grundlegende Entwicklung der ethischen Seite des Problems, worin jeder seiner Charaktere eingeschlossen ist. War Arkas bei Goethes Vorgängern in jedweder Person lediglich ein Vertrauter, so ist er jetzt ein humaner Vertreter und Sprecher der oberen Klasse von Taurien, die sowohl dem König wie den Plebejern gegenüber verantwortlich ist. Thoas war bei Euripides ein zur Reflexion unfähiger Barbar. Die neuere Tradition entwickelte seine Rolle weiter und machte ihn zu einem Tyrannen mit schlechtem Gewissen. Goethe stellt ihn schließlich als einen Charakter im Übergang dar, als einen Mann, der von Iphigenie aus dem Stadium der Unwissenheit und Unmenschlichkeit erhoben immer noch in der Gefahr eines Rückfalls ist. Diese Gefahr könnte Iphigenie bannen, indem sie ihn heiratet. Da sie ihn aber ablehnt, zwingt sie ihn, aus eigener Entscheidung einen großen humanen Schritt vorwärts zu tun und damit endgültig innerlich zu reifen.

Pylades, der sich bisher in freundschaftlicher Rivalität vornehmlich durch seine Opferbereitschaft auszeichnete und – außer bei Derschau – meistens ein untergeordneter Vertrauter war, gewinnt an Statur. Goethe vermittelt ihm eine klare Lebenshaltung, wenngleich diese unter der von Orest und Iphigenie steht. So dient er den beiden als Folie und der inneren Struktur sowie dem Gehalt des Schauspiels als unentbehrlicher Ausgleich. Er ist die Stimme des realistischen Pragmatismus. In den meisten Versionen ist es Iphigenie, die in Verbindung mit der Purifikation des Götterbildes oder der Opfer Thoas belügt. Goethe hingegen überträgt das Lügen geschickt auf Pylades, so daß dieser eine Alternative zu Orests männlicher Aufrichtigkeit und Iphigenies weiblicher Humanität verkörpert.

Den Muttermord, der bisher entweder oberflächlich behandelt oder sogar ganz übergangen, manchmal ein Zufall genannt oder den Göttern zugeschrieben wurde, umgeht Goethe nicht. Orest wird von seiner Schuld in einer Weise befreit, die einen wesentlichen Bestandteil des ethischen Gehalts darstellt und gleichzeitig den Höhepunkt des Hauptthemas vorbereitet. In der heilenden Vision erfährt Orest, daß die Kette von Verbrechen und Rache auf einer irrigen Annahme basiert. Die Toten fordern am Ende gar keine Rache. So wird die Kette gebrochen; die Furien, deren Sendung als Illusion enthüllt wird, ziehen sich fluchtartig in den Hades zurück. Jetzt kann Iphigenie ihren positiven Beitrag leisten.

Keine andere Iphigenie stand vor der epochemachenden Wahl zwischen einer selbstischen, verschlagenen Handlung, die ein weiteres Glied in der Kette der Verbrechen darstellen würde, und einer absolut moralischen Handlung, die es den Göttern ermöglicht, ihre wohlwollenden Versprechen den Menschen gegenüber einzulösen. Von ihrer Wahl hängt nicht nur das Schicksal einiger weniger Menschen ab, sondern die Zukunft von ganz Taurien und, in gewisser Hinsicht, der ganzen Welt. Euripides kam es darauf an, die Griechen zu retten; er überließ die Taurier ihrer barbarischen Existenz. Goethes Vorgänger wollten die im Grunde guten Taurier von einem Tyrannen befreien und die charakteristische Einstellung der Götter hinsichtlich von Menschenopfern festlegen. Bei Goethe geht es darum, den Tauriern die neu erworbene Zivilisation zu sichern und die Einstellung der Götter in Bezug auf menschliche Lauterkeit und Echtheit zu bestimmen. Darüber hinaus wollte Goethe mit seinem Lob des Weiblichen darstellen, daß der Frau die Führerrolle zukommt, wenn es darum geht, ein hohes Ideal von moralischer Verhaltensweise zugunsten der künftigen Menschheit aufzustellen. Iphigenie verkörpert also im einzelnen das, was Goethe in seinem Begriff „das ewig Weibliche" zusammenfaßt.

Mit Goethe schließt, wenn nicht die Reihe der Atriden-Dramen, so doch im wesentlichen die der taurischen Iphigenie. Weit weniger zahlreich als Orest- und Elektradramen, mit denen sie in stoffgeschichtlicher und mythologischer Hinsicht eng zusammenhängt, nimmt sie in der Weltliteratur eine Sonderstellung ein.

(Nach Robert Heitner: The Iphigenia in Tauris Theme in Drama of the Eighteenth Century)

### Entstehung

Weder aus Goethes eigenen Aufzeichnungen noch aus denen anderer läßt sich mit Sicherheit feststellen, was ihn zur Beschäftigung mit dem Iphigenie-Stoff veranlaßte. Vor geraumer Zeit war die Vermutung rege, Wieland könne den Anstoß dazu gegeben haben. Ihn hatte Gluck 1776 um eine Kantate zum Andenken einer jung verstorbenen Nichte gebeten. Wieland jedoch bat Goethe darum, und dieser antwortete, er sei gleich von einer großen Idee erfüllt gewesen. Ob es sich dabei allerdings um den Iphigenie-Stoff gehandelt hat, finden wir nirgendwo bestätigt. Hingegen liegt ein anderer unmittelbarer Anlaß weitaus näher. Goethe sollte nämlich zum Kirchgange der Herzogin Luise, welcher nach Goethes Tagebuch am 14. März 1779 nach der Geburt der Tochter Luise Auguste Amalie stattfand, ein Spiel mit einer weiblichen Hauptfigur schreiben. Die beschleunigte Abfassung und die Tatsache, daß Goethe die ersten drei Akte der Iphigenie dem Herzog Karl August und dem Hofmeister von Knebel am Vorabend des Kirchgangs vorlas, könnten auf jenen Anlaß hinweisen.

Die Wahl des Iphigenie-Stoffes aus dem Mythenkreise des Tantalidengeschlechts geschah sicherlich auch aus einem inneren Anstoß heraus, denn diese Schöpfung kann, wie fast alles bei Goethe, Bekenntnis des eigenen Lebens genannt werden. So ist die Entstehung der Iphigenie allgemein auf Charlotte von Stein zurückgeführt worden. Sie war ihm in den schwierigen Jahren nach seiner Ankunft in Weimar, in denen er sich fast ausschließlich dem Staatsdienst hingab, Trost, Stütze und Inspiration. In Goethes Bekenntnis an sie

> Tropftest Mäßigung dem heißen Blute,
> Richtetest den wilden irren Lauf,
> Und in Deinen Engelsarmen ruhte
> Die zerstörte Brust sich wieder auf ...

ist die Heilungsidee des Dramas geradezu schon vorgebildet, denn die reinigende, beruhigende Wirkung Iphigenies auf Orest erfuhr auch Goethe in seiner Liebe zu Charlotte.

In der Wahl des Themas können jedoch auch einige literarische Erscheinungen eine Rolle gespielt haben. Goethes Freund Gotter hatte ein Trauerspiel über Orest und Elektra geschrieben, das 1774 in Gotha erschien. Dann kamen 1778, also im Vorjahr der Entstehung von Iphigenie, zwei Ausgaben mit lateinischen Übersetzungen der Euripideischen Iphigenie heraus. Goethe waren griechische Texte nicht ohne weiteres verständlich, so daß er zur ungehemmten Lektüre möglicherweise eine der lateinischen Versionen vorzog. Am interessantesten davon war der Neudruck einer Ausgabe von Josua Barnes, der in Leipzig erschienen war. Abgesehen davon, daß diese im Gegensatz zu anderen Ausgaben das Lesen erheblich erleichterte, indem sie auf der gleichen Seite neben dem griechischen Text die lateinische Übersetzung anführte, kam sie Goethe wohl auch wegen des Erscheinungsortes am ehesten in die Hand. (Martin Wohlrab: Die Entstehung von Goethes Iphigenie, S. 137.)

Die erste rhythmische Prosafassung des Dramas entstand unter denkbar schwierigen Umständen in der überraschend kurzen Zeit von sechs Wochen. Die Last der Goethe übertragenen Ämter war überwältigend. Seit 1776 war Goethe Geheimer Legationsrat mit „Sitz und Stimme" im Geheimen Konzilium, einem beratenden Staatsrat, der wöchentlich mindestens ein- bis zweimal von Herzog Karl August zusammengerufen wurde. Seit 1777 war er Mitglied der Ilmenauer Bergwerkskommission und mit dem Ilmenauer Steuerwesen beschäftigt. Gegen Ende 1778 wurde er Leiter der Kriegskommission, am 19. Januar 1779 kam die Direktion des Landstraßenbauwesens hinzu. Goethes Aufzeichnungen in Tagebüchern und Briefen geben ein eindrucksvolles Bild von den Umständen, unter denen die Iphigenie entstand (s. Weimarer Ausgabe, Tagebücher, Bd. 1; Briefe, Bd. 4–6).

An Charlotte v. Stein

Weimar, d. 14. Februar 1779

Den ganzen Tag brüt ich über Iphigenien dass mir der Kopf ganz wüst ist, ob ich gleich zur schönen Vorbereitung letzte Nacht 10 Stunden geschlafen habe. So ganz ohne Sammlung, nur den einen Fus im Steigriemen des Dichter Hippogryphs, wills sehr schweer seyn etwas zu bringen das nicht ganz mit Glanzleinwand Lumpen gekleidet sey. ...

An Charlotte v. Stein

Weimar d. 22 F(ebruar) 1779 Abend

Meine Seele löst sich nach und nach durch die lieblichen Töne aus den Banden der Protokolle und Ackten. Ein Quatro neben in der grünen Stube, sizz ich und rufe die fernen Gestalten leise herüber. Eine Scene soll sich heut absondern denck ich, drum komm ich schwerlich. . . .

*

An Charlotte v. Stein

Dornburg d. 2. März 1779

Knebeln können Sie sagen dass das Stück sich formt, und Glieder kriegt. Morgen hab ich die Auslesung [von Rekruten], dann will ich mich in das neue Schloss sperren und einige Tage an meinen Figuren posseln. . . .

*

Tagebuch

d. 3. März 1779

Auslesung [von Rekruten]. Nachher einsam im neuen Schlosse an Iphigenie geschrieben, so auch den 4. März.

*

An Charlotte v. Stein

Dornburg d. 4. März 1779

. . . Noch hab ich Hoffnung dass wenn ich d. 11ten oder 12ten nach Hause komme mein Stück fertig seyn soll. Es wird immer nur Skizze, wir wollen dann sehn was wir ihm für Farben auflegen. . . .

*

An Carl v. Knebel

Apolda d. 5ten März 1779 Abends

Ehrlicher alter Herr König ich muss dir gestehen dass ich als ambulirender Poeta sehr geschunden bin, und hätt ich die paar schönen Tage in dem ruhigen und überlieblichen Dornburger Schlössgen nicht gehabt so wäre das Ey halb angebrütet verfault. . . .

*

An Charlotte v. Stein

Apolda d. 6. März 1779

(Bei der Rekrutenaushebung)
Hier will das Drama gar nicht fort, es ist verflucht, der König von Tauris soll reden als wenn kein Strumpfwürcker in Apolda hungerte. . . .

Am 8. März erhält Goethe Knebels Besuch in Buttstädt. Letzterer bemerkt dazu, er habe Goethe „am Tische sitzend, die Rekruten um ihn her und ihn selbst dabei an Iphigenie schreibend" gefunden (von Bradish: Die Entstehung der ‚Iphigenie' 1779, S. 147).

An Carl v. Knebel

Weimar, den 15. März 1779

Hier sind die drei Akte der Iphigenia; lies sie Herdern und Seckendorfen. Letzterem gieb sie mit unter der Bedingung der Stille.

Nimm doch auch ja den Prinzen Constantin vor, und leg ihm seine Scenen ein bischen aus und steh ihm mit gutem Rathe bei.

Adieu. Ich komme nicht eher von Ilmenau wieder, bis das Stück fertig ist. . . .

Tagebuch (März 1779)

d. 19 Allein auf dem Schwalbenstein. d. 4. Ackt der Iph. geschrieben.

d. 21. früh nach Weimar. Alles durchgesehn und besorgt.

d. 28. früh Denstädt. Abends: Iphigenie geendigt.

d. 29 Ein toller Tag aus einem ins andre von früh fünfen. . . . Iph. vorgelesen pp. Aus dem kleinen ins grose und dem Grosen ins kleine.

Tagebuch (April 1779)

1.) Proben von Iphigenie und Besorgung des dazu gehörigen.

6.) Iph. gespielt. gar gute Würckung davon besonders auf reine Menschen.

8.) Bey H. Am. gessen. Nachklang des Stücks. . . .

Man thut unrecht an dem Empfindens und Erkennens Vermögen der Menschen zu zweifeln, da kan man ihnen viel zu trauen, nur auf ihre Handlungen muss man nicht hoffen.

Die erste Prosafassung befriedigte Goethe nicht lange. An Johann Kaspar Lavater schreibt er am 13. Oktober 1780:

„Meine Iphigenie mag ich nicht gern, wie sie iezo ist, mehrmals abschreiben lassen und unter die Leute geben, weil ich beschäftigt bin, ihr noch mehr Harmonie im Stil zu verschaffen und also hier und da dran ändere. Sei so gut und sag das denenienigen zur Entschuldigung, die eine Abschrift davon verlangten. Ich habe es öfters abgeschlagen."

\*

An Charlotte v. Stein

Weimar, d. 25. Jun. 86

Heute Mittag ißt Wieland mit mir, es wird über Iphigenien Gericht gehalten u.s.w. . . .

\*

An Charlotte v. Stein

Den 23. August [1886]

Gestern abend ward Iphigenie gelesen und gut sentirt. Dem Herzog wards wunderlich dabey zu Muthe. Jetzt da sie in Verse geschnitten ist macht sie mir neue Freude, man sieht auch eher was Verbesserung bedarf. Ich arbeite dran und dencke morgen fertig zu werden. . . .

\*

An Herder

Ende August [1886]

Ich bin in große Noth gerathen, die ich dir sogleich anzeigen und klagen muß. Nach deinem Abschied laß ich noch in der Electra des Sophokles. Die langen Jamben ohne Abschnitt und das sonderbare Wälzen und Rollen des Periods, haben sich mir so eingeprägt daß mir nun die kurzen Zeilen der Iphigenie ganz höckerig, übelklingend und unlesbar werden. Ich habe gleich angefangen die erste Scene umzuändern. Damit ich aber nicht zu weit gehe und Maas und Ziel festgesetzt werde, bitt ich dich etwa um 5 Uhr um eine Lecktion. Ich will zu dir kommen!

\*

An Herzog Carl August

Verona, 18. September 1786

Ich bin fleißig, und arbeite die Iphigenie durch, sie quillt auf, das stockende Sylbenmaas wird in fortgehende Harmonie verwandelt. Herder hat mir dazu mit wunderbarer Geduld die Ohren geräumt. Ich hoffe glücklich zu seyn. . . .

\*

An Herder

14. Oktober 1786

An der Iphigenie hab ich noch zu thun. Sie neigt sich auch zur völligen Crystallisation. Der vierte Ackt wird fast ganz neu. Die Stellen die am *fertigsten* waren plagen mich am meisten. ich mögte ihr zartes Haupt unter das Joch des Verses beugen ohne ihnen das Gnick zu brechen. Doch ists sonderbar daß mit dem Sylbenmas sich auch meist ein beßerer Ausdruck verbindet.

*

Tagebuch für Charlotte v. Stein

Bologna, 19. Oktober 1786, abends

Im Pallast Ranuzzi hab ich eine St. Agatha von Raphael gefunden, die wenn gleich nicht ganz wohl erhalten ein kostbares Bild ist. Er hat ihr eine gesunde, sichre Jungfraulichkeit gegeben ohne Reitz, doch ohne Kälte und Roheit. Ich habe mir sie wohl gemerckt und werde diesem Ideal meine Iphigenie vorlesen und meine Heldinn nichts sagen laßen was diese Heilige nicht sagen könnte.

*

An Herder

Rom, 13. Januar 1787

Hier lieber Bruder die Iphigenia. Ich schicke sie mit der heut abgehenden Post an Seidel und laße dießen Brief gerade an dich abgehn damit eine Art Controlle entstehe, wenn etwa das größere Packet länger aussenbliebe.

Du hast nun auch hier einmal wieder mehr was ich gewollt, als was ich gethan habe! Wenn ich nur dem Bilde, das du dir von diesem Kunstwercke machtest, näher gekommen bin. Denn ich fühlte wohl bey deinen freundschafftlichen Bemühungen um dieses Stück, daß du mehr das daran schätzest was es seyn könnte als was es war.

Möge es dir nun harmonischer entgegen kommen. Lies es zuerst als ein ganz neues, ohne Vergleichung, dann halt es mit dem alten zusammen wenn du willst. Vorzüglich bitt ich dich hier und da dem Wohlklange nachzuhelfen. Auf den Blättern die mit resp. Ohren bezeichnet sind, finden sich Verse mit Bleystift angestrichen die mir nicht gefallen und die ich doch jetzt nicht ändern kann. Ich habe mich an dem Stücke so müde gearbeitet. Du verbesserst das mit einem Federzuge. Ich gebe dir volle Macht und Gewalt. . . .

*

Aus der „Italienischen Reise"

Caserta, 16. März 1787

Ich merke wohl, daß es meiner Iphigenie wunderlich gegangen ist, man war die erste Form so gewohnt, man kannte die Ausdrücke, die man sich bei öfterm Hören und Lesen zugeeignet hatte; nun klingt das alles anders, und ich sehe wohl, daß im Grunde mir niemand für die unendlichen Bemühungen dankt. So eine Arbeit wird eigentlich nie fertig, man muß sie für fertig erklären, wenn man nach Zeit und Umständen das Möglichste gethan hat.

*

An Schiller

Jena, 19. Januar 1802

Hierbey kommt die Abschrift des gräcisirenden Schauspiels. Ich bin neugierig was Sie ihm abgewinnen werden. Ich habe hie und da hineingesehen, es ist ganz verteufelt human. Geht es halbweg, so wollen wir's versuchen: denn wir haben doch schon öfters gesehen daß die Wirkungen eines solchen Wagestücks für uns und das Ganze incalculabel sind.

*

Jena, 19. März 1802

Mit der Iphigenie ist mir unmöglich etwas anzufangen. Wenn Sie nicht die Unternehmung wagen, die paar zweydeutigen Verse corrigiren und das Einstudiren dirigiren wollen, so glaube ich nicht, daß es gehen wird, und doch wäre es in der jetzigen Lage recht gut und sie würde denn vielleicht für andere Theater verlangt, wie es ja schon mit dem Nathan gegangen ist.

Im Mai 1802 wurde die endgültige Fassung der Iphigenie in einer von Schiller rigoros bearbeiteten Bühnenfassung in Weimar aufgeführt. Goethe erhoffte sich an Schillers Seite dabei einige der wunderbarsten Effekte seines Lebens: „die unmittelbare Gegenwart eines, für mich, mehr als vergangenen Zustandes" (An Schiller. 11. Mai 1802).

# Wort- und Sachkommentar

*Taurier:* barbarisches, skythisches Volk auf der Halbinsel Krim. Von Goethe in Anlehnung an das französische „Tauride" (Racines Fragment *Iphigénie en Tauride*, siehe Stoffgeschichte) erfunden.

*Hain:* kleiner, lichter Wald; (Antike) einer Gottheit heiliger Wald, meist mit deren Tempel.

*Diana:* römische Göttin, gleich der griechischen Artemis, Tochter des Zeus, Zwillingsschwester des Apollo, Jagdgöttin und Beschützerin der Tugend und Jundfräulichkeit.

## I, 1

| | |
|---|---|
| 13 | *gegen:* als Antwort auf |
| 17 | *nächste:* nächstliegende |
| 18 | *abwärts:* weg von hier |
| 21 | *Mitgeborne:* Geschwister |
| 29 | *Weibes:* Frau, Ehefrau (im alten Sprachgebrauch ohne abschätzige Bedeutung) |
| 43 | *Tochter Zeus':* Diana |

## I, 2

| | |
|---|---|
| 54 | *beut:* bietet |
| 69 | *vertraulich:* vertrauensvoll (ebenso v. 212) |
| 81 | *gesellt und lieblich:* in lieblicher Geselligkeit |
| 86 | *ehrner:* erzen, eisern; (fig.) hart, fest, unbeugsam |
| 108 | *Schatten um sein eigen Grab:* (myth.) wesenloses Schattendasein der Seelen in der Unterwelt; sie besuchen an bestimmten Tagen ihr Grab |
| 113 | *Lethe:* Fluß oder Quelle in der Unterwelt, aus dem die Seelen der Toten (Abgeschiedenen) Vergessenheit trinken |
| 114 | *feiert:* ausruht |
| 139 | *Balsam:* natürliches Gemisch von Harzen und ätherischen Ölen; (fig.; poet.) Linderung, Wohltat |
| 142 | *Todesufer:* das Ufer Tauriens |
| 149 | *hebt:* emporhebt |
| 161 | *Folger:* Nachfolger |
| 169 | *rückhaltend:* zurückhaltend |

## I, 3

| | |
|---|---|
| 223 | *Fülle:* Erfüllung |
| 237 | *gerochen:* gerächt |
| 259 | *Not:* dringende Notwendigkeit |
| 303 | *vertraut:* anvertraut |
| 309 | *Hochbegnadigten:* Hochbegnadeten |

| | |
|---|---|
| 311 | *Jupiter:* Zeus |
| 321 | *Donnrers:* von Jupiter kommen Donner und Blitz |
| 324 | *Jovis:* Genitiv von Jupiter |
| 325 | *Tartarus:* (myth.) Tartaros, Abgrund der Unterwelt, in den Zeus seine Feinde stürzte; Ort der Schmach und ewiger Qualen |
| 328 ff. | Zu Iphigenies Geständnis: s. o., S. 7 f. |
| 330 | *Gewisses:* hier fest, unbezweifelbar, s. auch v. 568, v. 1624 |
| 332 | *Rat:* Überlegung, Umsicht |
| 336 | *Gewaltig-Wollende:* mit Gewalt, s. auch v. 837 |
| 391 | *Wagen:* der Wagen des Sonnengottes Helios, der damit täglich über den Himmel fährt |
| 414 | *schönsten Frau:* Helena; s. o., S. 7 |
| 460 | *Kranz:* gemäß attischer Sitte wurden bei der Geburt eines Sohnes die Türpfosten mit Ölzweigen, bei der einer Tochter mit Wolle umwunden |
| 469 | *Hält:* hält ab |

## I, 4

| | |
|---|---|
| 536 | *rechtes:* rechtmäßig, den Gesetzen entsprechend |
| 547 | *dein Licht:* Diana war auch Mondgöttin |
| 549 | *enthalte:* in der alten Bedeutung von „abhalten" |
| 552 | *traurig-unwillig:* gegen den Willen; s. auch v. 636 |
| 553 | *schrecken:* und ihn schrecken |

## II, 1

| | |
|---|---|
| 563 | *Apollen:* alter, schwacher Akkusativ zu Apoll, griechisch Apollon: Sohn des Zeus, u. a. Heil- und Sühnegott, dessen Kult mit Weissagungen und Orakeln (Delphi) verbunden war |
| 563 ff. | s. o., S. 7 |
| 564 | *Rachegeister:* Erinnyen (Furien), schlangenhaarige Rachegöttinnen, euphemistisch auch „Eumeniden" genannt |
| 581 | *Unterird'schen:* Erinnyen |
| 588 | *Larven:* (röm. Mythologie) auch „Lemuren", Geister von Verstorbenen, die als nächtliche Schreckgespenster umgehen |
| 592 | *Banns:* Verbannung |
| 598–600 | das Bild entspricht dem aus der Sage von Theseus, der mit Hilfe des Ariadnefadens aus dem Labyrinth herausfand |
| 609 | *Unmut:* Mutlosigkeit, s. auch v. 614 |
| 636 | *Orkus:* Unterwelt, s. auch Anmerkung v. 325 |
| 689 | *eitel:* nichtig |
| 706 | *erste, letzte:* = erste und letzte, im Sinne von „alles Umfassende" |
| 717 | *erbt:* vererbt sich |
| 720 | *verderbt:* heute „verdirbt" (= zugrunde richtet) |
| 721 | *erwarte:* warte ab |

| | |
|---|---|
| 762 | *Ulyssen:* Ulysses = lat. für griech. Odysseus, König von Ithaka, im Trojanischen Krieg für seine Schlauheit und diplomatische Redegewandheit bekannt |
| 764 | *Olymp:* Berg, Sitz der griechischen Götter |
| 777 | *Amazonen:* (griech. Mythologie) kriegerisches Frauenvolk in Kleinasien |

## II, 2

| | |
|---|---|
| 802 | *wenden:* 3. Person, Plural, Konjunktiv Präsens |
| 843 | *dargestellt:* hingegeben |
| 857 | *bis du mir genug getan:* Fassung von 1781: „bis du meiner Neugier genug gethan" |
| 858 ff. | *Troja (lat.):* (griech. Ilion) die zehn Jahre während Belagerung und Eroberung der Stadt durch das Griechenheer unter Führung Agamemnons, des Königs von Mykene, wird in Homers „Ilias" beschrieben. Der größte Held der Griechen, *Achilleus,* fiel *mit seinem schönen Freunde* (v. 863), Patroklos. *Palamedes* (v. 865), der erst in nachhomerischen Fassungen vorkommt, galt als großer Gelehrter; der wilde, riesenhafte Aias (lat. Ajax, v. 865), Sohn des Königs Telamon von Salamis, war nach Achilleus der stärkste der Griechen |
| 862 | *Barbaren:* Bezeichnung der Griechen für alle, die nicht Griechisch sprachen |
| 887 | *nachbarlich:* als Nachbar |
| 889 | *der erste:* als erster |
| 898 | *schlug:* erschlug |
| 908 ff. | s. o., S. 7 |

## III, 1

| | |
|---|---|
| 939 | *Folgerin:* Nachfolgerin |
| 942 | *Herd der Vatergötter:* Am Herd wurden die Bilder der römischen Hausgötter aufgestellt; Penaten = (fig.) Haus und Herd |
| 966 | *seiner Frauen:* ehemals schwacher Singular |
| 980 | *Avernus:* Eingang zur Unterwelt, auch Bezeichnung für die ganze Unterwelt |
| 1011 | *Schwäher:* hier Schwager, ursprünglich auch Schwiegervater |
| 1017 | *Unversehen:* unversehens |
| 1034 f. | *der Geschwister ... warteten:* warten mit Genitiv, heute „warten auf" |
| 1035 | *stiefgewordenen:* wie eine Stiefmutter geworden, abschätzig |
| 1054 | *der Nacht uralten Töchtern:* Erinnyen; s. Anmerkung zu v. 564 |
| 1062 | *Acheron:* eines der Gewässer, welche die Unterwelt umgeben. Die Seelen werden von dem Fährmann Charon übergesetzt |
| 1094 f. | *schönste Tochter ...:* Tyche (lat. Fortuna), Schicksals- und Glücksgöttin, wurde gelegentlich als Tochter des Zeus bezeichnet |
| 1115 f. | Prosafassung von 1781: „wie das Gespenst eines geschiednen Geliebten", möglicherweise Achilleus; Iphigenie war unter dem Vorwand des Verlöbnisses mit Achilleus nach Aulis gelockt worden, wo sie geopfert werden sollte |
| 1126 | *der Immerwachen:* Erinnyen |
| 1143 | *Totenflusses:* Acheron, Kokytos und Styx; vgl. Anmerkung zu v. 1062 |
| 1156 | *Rauchwerk:* Weihrauch |

| 1160 | *Schreckensgötter:* Erinnyen |
|---|---|
| 1162 | *Gorgone:* (griech. Mythologie) die drei Gorgonen, unter ihnen Medusa; weibliche Ungeheuer mit versteinerndem Blick und Schlangenhaar |
| 1176 f. | *Kreusas Brautkleid:* Kreusa (auch Glauke), Tochter des Königs Kreon von Korinth; sie bekam von einer Nebenbuhlerin ein Hochzeitskleid, das in Flammen aufging und sie verbrannte |
| 1178 f. | *Herkules:* (griech. Herakles), Held großer Taten im griechischen Mythos. Durch ein vergiftetes Gewand empfing er so furchtbare Wunden, daß er sich in einer Einöde verbrennen ließ |
| 1188 f. | *Lyäens:* Lyaios (= Löser), Bezeichnung für Dionysos, auch Bakchos, Gott des Weins. Bezieht sich auf den begeisterten Rausch seiner Anhänger bei ihren Festen |
| 1197 | *Vom Parnaß die ew'ge Quelle:* im griechischen Gebirge Parnassos befindet sich der Kultort Delphi (s. auch Anmerkung zu v. 563) mit der Kastalischen Quelle, Lieblingsaufenthalt der Musen (= neun Göttinnen der Künste und Wissenschaften) |
| 1201 | *Nymphe:* mädchenhafte Naturdämonen, oft im Gefolge von Dionysos |
| 1211 | *weis ihn zurecht:* weis ihm den richtigen Weg |
| 1221 | *dargestellt:* preisgegeben; s. Anmerkung zu v. 843 |
| 1229 f. | Atreus und Thyestes ermordeten ihren Stiefbruder Chrysippos, s. v. 341 ff. |
| 1243 | *Geist:* von Klytämnestra, s. v. 1053 |

### III, 2

| 1258 f. | *Trunk des Vergessens:* s. Anmerkung zu v. 113 |
|---|---|
| 1274 ff. | Vgl. v. 359 ff., sowie S. 7 |
| 1297 | *des Mordes:* Attribut zu Losung |
| 1301 ff. | *Alten:* Tantalus |
| 1308 f. | metaphorisch; zu den Tantalusqualen |

### III, 3

| 1312 f. | Apollon sendet mit seinen Pfeilen Krankheit und Tod |
|---|---|
| 1315 | *Plutos:* lat. Pluto, griech. Hades, der Gott der Unterwelt |
| 1317 | *Geschwister:* Apollon als Sonnengott und Diana als Mondgöttin; s. auch Anmerkung zu v. 563 |
| 1340 | *Parze:* die drei Parzen (griech. Moiren): die den Lebensfaden spinnenden Schicksalsgöttinnen |
| 1353 | *Iris:* Verkörperung des Regenbogens |
| 1359 | *Eumeniden:* (= Wohlgesinnte) euphemistische Bezeichnung für Erinnyen, s. Anmerkung zu v. 564 |

### IV, 1

| 1377 | *Stadt:* Vaterstadt |
|---|---|
| 1403 | *hinterhalten:* heute ausgestorbenes Verb, „mit seiner wahren Absicht zurückhalten" |
| 1412 | *Furie:* Erinnyen, hier Sammelname |

| | |
|---|---|
| 1448 | *erdringe:* im Sinn von „erzwingen" |
| 1459 | *hältst:* hältst für; vgl. auch v. 1784 und 1867 |
| 1479 | *trüb:* im übertragenen Sinn von „verwirrt", vgl. v. 1530 |
| 1609 | *Felseninsel:* entweder Delos, der Geburtsort Apollons, oder Delphi, der bevorzugte Kultort |
| 1612 | *Vatergötter:* vgl. Anmerkung zu v. 942 |
| 1638 f. | vgl. Prosafassung (1781): „Nur in der Furcht ist die Gefahr." |
| 1645 | *gebeut:* gebietet |
| 1647 | Der vorangehende Satz stellt das Subjekt und Prädikat, also *die Not entschuldigt* ... |
| 1656 | *Geschlecht:* Menschengeschlecht |
| 1661 | *wandeln:* gehen |
| 1681 | *Not:* verkörperte Gottheit der Naturnotwendigkeit (Ananke), Schwester der Schicksalsgöttin Tyche |
| 1688 | *Der Rettung schönes Siegel:* damit ist das Götterbild gemeint |

## IV, 5

| | |
|---|---|
| 1706 | *Port:* (lat. portus) = Hafen, poet. für Zufluchtsort |
| 1713 ff. | *Titanen/Olympier:* Die Generation der Titanen wurde von Zeus und den olympischen Göttern gestürzt |
| 1720 ff. | nach einem älteren Mythos zählten die Parzen zu Göttern, die vor den Olympiern herrschten. Dies könnte ihre Sympathie für den von Zeus bestraften Tantalos erklären |
| 1725 | *ich merkt' es:* ich merke es mir |
| 1734 | *Klippen:* in der weiteren Bedeutung „schroffer Fels" |
| 1760 ff. | *Ahnherrn/Verbannte/Alte:* Tantalos |
| 1762 ff. | *horcht ... die Lieder:* horcht auf die Lieder |
| 1765 | *Denkt:* denkt an, vgl. v. 601 |

## V, 1

| | |
|---|---|
| 1773 | *irgend:* irgendwo |
| 1782 | *wie ihr pflegt:* der Infinitiv bei „pflegen" ist aus dem Zusammenhang zu ergänzen: „es zu tun pflegt" |

## V, 2

| | |
|---|---|
| 1803 | *verjährtes:* hier noch in der alten Bedeutung von „alt geworden, langjährig" |

## V, 3

| | |
|---|---|
| 1815 | *Gegenwart:* hier etwa „Persönlichkeit" |
| 1816 | *sinnt den Tod:* sinnt auf den Tod |

| | |
|---|---|
| 1827 f. | s. Prosafassung (1781): „und diese Folgsamkeit ist einer Seele schönste Freyheit: allein ...“ |
| 1868 | *Trutz:* Widerstand |
| 1870 | *zur List:* an der List |
| 1871 | *Bald:* schnell |
| | *verspätet:* hält hin: Objekte zu „verspätet und umgeht“ sind zu ergänzen (den Widersacher) |
| 1872 | *Gewaltige:* wahrscheinlich im Sinne von „Gewalttätigem“; s. Anmerkung zu v. 336 |
| 1878 | *abzutreiben:* abzuwehren |
| 1880 | *den anmut'gen Zweig:* bezieht sich auf die Sitte, nach der Flehende einen mit weißer Wolle umwundenen Oliven- oder Lorbeerzweig trugen |
| 1881 | *einer Frauen:* Genitiv Singular, früher schwache Flexion, vgl. v. 966 |
| 1883 | Prosafassung (1781) „Was bleibt mir nun, die Rechte meiner Freyheit zu vertheidigen?“ |
| 1896 | *immer wiederholenden Erzähler:* die von Ort zu Ort ziehenden Rhapsoden, welche die Dichtungen vortrugen |
| 1899 | *überschleicht:* überfällt |
| 1902 | *Ermunterten:* „ermuntern“ hier im Sinne von „aufwecken“ |
| 1903 | *kehrt:* wiederkehrt |
| 1916 | Die altgriechische Redewendung („auf die Knie legen“) besagt: „Aber euch, Götter, vertraue ich mich an.“ |
| 1936 | *darfst:* „dürfen“ in der früher geläufigen Bedeutung von „nötig haben, bedürfen“ |
| 1937 | *rohe Skythe, der Barbar:* s. Anmerkung zu v. 862 |
| 1942 | *Was sinnst du mir:* was hast du mit mir vor, vgl. Anmerkung zu v. 1816 |
| 1953 | *künstlich-dichtend:* geschickt erfindend, ersinnend |
| 1957 f. | Prosafassung (1781): „Ich könnte hintergangen werden, diesmal bin ichs nicht. Wenn sie Betrüger sind, so ...“ |
| 1965 | *seiner Frauen:* Genitiv Singular von „Frau“ |
| 1973 | *gemeine:* gewöhnliche (ohne abwertende Bedeutung) |
| 1980 | *gischend:* aufschäumend |

## V, 4

| | |
|---|---|
| 2001 | *Volke:* Kriegsschar, s. auch v. 2022 und 2025 |
| 2011 | *horche:* gehorche |

## V, 5

| | |
|---|---|
| 2023 | *Beschädige:* im Sinne von „jdm. Schaden zufügen“ |

## V, 6

| | |
|---|---|
| 2035 | *dieser:* vorangestellter Genitiv Singular des Demonstrativpronomens |
| 2047 | *von dir und mir:* nicht zeitlich, sondern als Bezeichnung der Urheberschaft: „durch uns“ |
| 2054 | *Zu überwinden:* zu siegen |

2068     *Er falle gleich:* selbst wenn er fällt

2076 ff.   Prosafassung (1781): „Mir ist selbst viel daran gelegen, daß ich nicht betrogen werde, daß mich nicht irgend ein frevelhafter Räuber vom sichern Schutzort in die böse Knechtschaft bringe. Ich habe beyde um den mindesten Umstand ausgefragt und redlich sie befunden."

2091     *Dreifuß:* in vielfältiger Weise verwendetes dreifüßiges Gestell

2095     *hübe:* veralteter 2. Konjunktiv von „heben"

2104     Anspielung auf Motive aus der griechischen Sage; der Raub des Goldenen Vlieses (= Fells) stammt aus der Argonautensage

2105     *sie:* pluralisches Pronomen für den Gattungsnamen „Der Grieche" (v. 2102)

2117     *gedachte dich:* meinte dich

2127     *Rat:* Prosafassung (1781): „Schön löst sich der verhüllte Rathschlus der Göttin auf."

2141     *des nähern Rechtes:* des unmittelbareren, des Rechts des Bruders

# Gang der Handlung

## Erster Aufzug

*Erster Auftritt. Iphigenie*

Der erste Auftritt besteht aus dem Rahmen- und Einleitungsmonolog. Iphigenie tritt aus dem Tempel der Diana in den heiligen Hain, in dem sich die gesamte Handlung des Dramas abspielt. In ihrem Monolog dominiert das Motiv des Heimwehs, das sich wie ein roter Faden durch das ganze Schauspiel zieht. Diesem überwältigenden Gefühl schreibt sie es zu, daß sie Thoas gegenüber nicht dankbar genug ist und der Göttin nur aus Fügsamkeit dient. Trotz ihres Konflikts zwischen Pflicht und Neigung lehnt sie sich nicht gegen Diana auf. In ihren Worten zeigt sich dennoch eine innere Unruhe, als könne sie sich durch ihren Zwiespalt das Mißfallen der Göttin zuziehen. So deutet sie gleich am Anfang auf eines der Hauptthemen des Schauspiels, die Problematik des Verhältnisses zwischen Mensch und Gottheit. Sie richtet ihre Worte gewissermaßen an sich selbst, als eine Ermahnung, sich dem Willen der Götter zu beugen, ohne Frage, ohne Auflehnung. Dadurch unterscheidet sie sich grundsätzlich von ihren Vorfahren, den Tantaliden.

In einem Gebet am Ende des Monologs drückt sie die Hoffnung aus, Diana möge sie von ihrem todesähnlichen Leben in Taurien retten und sie wieder mit den Ihren vereinen. Diesem Gebet folgen im weiteren Verlauf noch drei weitere. Dabei wird offenbar, daß Iphigenie im Grunde nicht für sich selber betet. Ihr innigster Wunsch ist vielmehr, den Fluch, der auf dem Tantalidengeschlecht ruht, „Dereinst mit reiner Hand und reinem Herzen / … zu entsühnen." (v. 1701–1702).

*Zweiter Auftritt. Iphigenie, Arkas*

Dieser Auftritt erfüllt eine zweifache Funktion: Er begründet und erklärt Iphigenies „Sehnsucht", ihren „Gram", „Widerwillen" und ihre Einsamkeit und knüpft damit an den vorhergehenden Monolog an. Daneben werden die Themen vorbereitet, die im folgenden Auftritt weiterentwickelt werden.

Im Mittelpunkt des Auftritts steht Arkas' Vorwurf, Iphigenie habe Thoas nicht das nötige Vertrauen geschenkt. Zwar habe die Göttin es auch ohne Menschenopfer nicht an Segen fehlen lassen, doch verdanke Iphigenie dem König persönlich ihr Leben. Deshalb und aus innenpolitischen Gründen rät er ihr dringend, Thoas' Werbung anzunehmen, zumal dieser fest entschlossen sei, sie zu besitzen. Für Iphigenie stellt dies eine schreckliche Bedrohung dar. Weder kann sie mit Thoas die Ehe eingehen, durch die sie auf immer an Tauris gefesselt wäre, noch kann sie ihm ihr Vertrauen schenken, denn sie fürchtet – und das erfahren wir erst später – aufgrund ihrer Abstammung von Thoas verbannt zu werden. So oder so wäre ihre Hoffnung, den Fluch zu lösen und ihr Geschlecht zu entsühnen, vernichtet. In einem kurzen Monolog beschließt sie, dennoch der Pflicht zu folgen und Thoas als Zeichen der Dankbarkeit ihre Vergangenheit zu enthüllen. Bezeichnend für ihren Charakter sind hier die Worte „Pflicht" und „Wahrheit".

*Dritter Auftritt. Iphigenie, Thoas*

Das vorherrschende Ereignis in diesem Auftritt ist die große Auseinandersetzung zwischen Iphigenie und Thoas, die damit endet, daß der König die Wiedereinführung der Menschenopfer anordnet. Diese Entscheidung stellt den Ausgangspunkt der Problematik des Schauspiels dar. Iphigenie ist fest entschlossen, Thoas nicht zu heiraten und die Folgen zu tragen. Wie schrecklich diese sein können, wird ihr erst im dritten Akt klar, als sie erfährt, daß ihr Bruder und Pylades die ersten Opfer sein sollen. Doch selbst dann hält sie an der Entscheidung fest, die sie in dieser Szene fällt: Sie will und darf sich die Hoffnung nicht nehmen lassen, eines Tages nach Griechenland zurückzukehren und durch Entsühnung den Fluch aufzuheben.

Wenn Iphigenie sich nun entschließt, das Geheimnis ihrer Herkunft zu lüften, so geschieht dies auf Grund einer veränderten Sachlage. Thoas verlangt jetzt mehr als Vertrauen. Durch ihr Geständnis, wenngleich sie es aus Pflichtgefühl ablegt, hofft sie, Thoas von dem Gedanken einer Ehe mit ihr abzubringen. Ihre dunklen Andeutungen sind Thoas zunächst ein Rätsel. Als Ausersehene Dianas ist sie ihm ebenso heilig wie die Göttin, und der Wille Dianas wird ihm immer höchstes Gesetz sein. Unerwartet gelobt er ihr, sie von jeder Forderung loszusprechen, wenn sich ihr je die Möglichkeit einer Rückkehr nach Griechenland darbieten sollte.

Mit Erstaunen vernimmt er darauf die ausführliche Geschichte von Iphigenies Abstammung, eingeleitet von den nachhaltigen Worten: „Vernimm! Ich bin aus Tantalus' Geschlecht." (v. 306).

In Iphigenies Erzählung wird ihre Einstellung zu den Göttern etwas deutlicher. Offensichtlich sind für sie die Götter jenseits der menschlichen Fassungskraft. In ihren Worten liegt weder Anklage noch Rechtfertigung. Sie bringt lediglich die Tatsachen ihrer Sicht entsprechend vor. Danach erwarteten die Götter von Tantalus zuviel, als sie ihn für so vollkommen wie sich selber hielten. Ihr Urteil hält sie für zu streng, zumal es nicht nur über Tantalus, sondern über sein gesamtes Geschlecht verhängt wurde. Dennoch ist sie überzeugt, daß bei den Göttern Liebe und Güte vorherrschen und der Fluch eines Tages durch die Vermittlung einer reinen Existenz wieder aufgehoben wird. Jene Vermittlung betrachtet sie als ihre Sendung.

Selbst durch Iphigenies Enthüllungen ist Thoas nicht von seinem Entschluß abzubringen: er wiederholt seinen Antrag. Iphigenie bleibt jetzt nur noch die Zuflucht zu ihrem Priesteramt: „Hat nicht die Göttin, die mich rettete, / Allein das Recht auf mein geweihtes Leben?" (v. 538–539). Thoas jedoch hält ihre Argumente nur für Ausreden. Zutiefst erzürnt fordert er sie auf, ihren Dienst an Diana auszuführen und die Opferung der beiden Fremden vorzubereiten.

*Vierter Auftritt. Iphigenie*

Der erste Aufzug endet, wie er beginnt: mit einem Monolog. Beide tragen zum Verständnis von Iphigenies Charakter in ihrer jeweiligen Lage bei. Sie erinnert Diana daran, daß sie die Retterin unschuldig Verfolgter sei. Sie kann nicht glauben, daß das Schicksal, das den beiden Fremden droht, von den Göttern gewollt ist. Im Mittelpunkt steht ihr Gebet: „O, enthalte vom Blut meine Hände!" (v. 549). Ein Blutopfer von ihrer Hand würde die Kette der Morde fortsetzen und die Entsühnung des Fluches mittels einer reinen, wahrhaftigen Existenz unmöglich machen.

## Zweiter Aufzug

*Erster Auftritt. Orest, Pylades*

Im ersten Aufzug haben wir Iphigenies Vorgeschichte bis zur Opferung in Aulis erfahren. Der zweite Akt ist, wenigstens bis zum Ende des ersten Auftritts, noch Teil der Exposition. Orest glaubt fest, daß er sterben muß. Nur der Tod, meint er, kann ihn von den Furien befreien, und deshalb fällt es ihm nicht schwer, dem Leben zu entsagen. Ganz anders ist Pylades' Mentalität. Statt an den Tod denkt er an Flucht und ist fest überzeugt, daß die Götter ihnen dazu Rat und Wege zubereiten werden; denn Apoll selber hat ihnen durch das Orakel Hilfe und sichere Rückkehr versprochen. Der Unterschied zwischen Orest und Pylades liegt in ihrer Interpretation des Orakels. Orest vermutet darin eine unheilvolle Bedeutung; Pylades akzeptiert es vorbehaltlos: „Der Götter Worte sind nicht doppelsinnig." (v. 613). Dennoch stellt sich das Orakel letzten Endes als „doppelsinnig" heraus, denn es wird von allen drei Griechen falsch ausgelegt. Aus dem Orakel und dem daraus entstandenen Mißverständnis entfaltet sich die Handlung des Schauspiels. Es führt die Freunde nach Tauris, bewegt Pylades dazu, den Plan zum Diebstahl des Götterbildes zu entwerfen und versetzt Iphigenie schließlich im vierten Aufzug in eine geistige und moralische Zwangslage.

Orests Pessimismus ist nicht unbegründet. Die „Schwester", die er nach Griechenland bringen soll, kann ja für ihn nur Apollos Schwester, Diana, sein; denn seine eigene Schwester wähnt er in Aulis geopfert. Der Glaube an die von Apollo versprochene Hilfe und Rückkehr ist durch ihre sofortige Gefangennahme erschüttert worden. So verharrt er in seiner Verzweiflung. Als erster aus dem Tantalidengeschlecht hat er jedoch sein Verbrechen aus Pflichtgefühl begangen und seitdem tiefe Reue empfunden. Indem er jetzt seine Strafe, gleich welcher Art, auf sich nehmen will, unterwirft er sich wie Iphigenie dem Ratschluß der Götter. Erst dadurch ermöglicht er es ihnen, den Menschen Gutes zu tun.

*Zweiter Auftritt. Iphigenie, Pylades*

Pylades berichtet Iphigenie von Agamemnons siegreicher Rückkehr von Troja und seiner Ermordung durch Klytämnestra und deren Geliebten Ägisth. Was weiter geschah, erwähnt er jedoch nicht. Mit keinem Wort enthüllt er seine und Orests Identität. Stattdessen gibt er seinen Gefährten als seinen älteren Bruder aus. Dieser habe Brudermord begangen und sei auf Apollos Befehl nach Tauris gekommen, um von den Furien erlöst zu werden. Diese beiden Geschichten, die eine wahr und die andere falsch, haben eine bestimmte Funktion. Durch den *wahren* Bericht wird Iphigenie von der Familiengeschichte informiert, und zwar bis zu dem Punkt, wo Orest mit seinem Geständnis beginnen kann. Auf Grund der *unwahren* Geschichte betrachtet sie Orest als Fremden. Diese Täuschung ist für die weitere Handlung von größter Wichtigkeit. Auf Pylades' Frage nach ihrer Herkunft entgegnet sie lediglich, sie sei die von der Göttin geheiligte Priesterin. Sie scheint sich zurückzuhalten, um vielleicht mehr über ihre Angehörigen zu erfahren. Für die Entwicklung der Handlung hat ihre Ausflucht jedenfalls eine retardierende Funktion.

## Dritter Aufzug

*Erster Auftritt. Iphigenie, Orest*

Der dritte Aufzug hat Orests Heilung zum Gegenstand; jede einzelne Szene trägt dazu in logischer Folge bei. Der erste Auftritt behandelt Orests Beichte und Iphigenies Einfluß auf ihn, zuerst als Priesterin, dann als seine Schwester. Der zweite enthält Orests Vision der Unterwelt. Im dritten ruft Iphigenie die Götter an. Darauf wird Orest von den Furien befreit.

Iphigenie löst Orests Fesseln und gesteht ihm offen, wie abscheulich ihr Menschenopfer sind. Ihre Worte offenbaren, daß es Pylades gelungen ist, ihre Sympathie zu erwecken und sie sich schon fragt, wie die bevorstehende Opferung abzuwenden sei, denn mit der Ankunft der beiden Griechen verbindet sie insgeheim die Hoffnung, mit deren Hilfe wieder in die Heimat zurückzukehren. Als Orest sie nach Namen und Herkunft fragt, weicht sie auch hier noch aus. Da sie von ihm noch mehr über ihre Angehörigen erfahren möchte, will sie das Risiko vermeiden, den Fremden auf irgendeine Weise zu beeinflussen. Außerdem erfordert es die dramatische Notwendigkeit, die Wiedererkennung zunächst noch hinauszuschieben. Stattdessen läßt sie sich von dem vermeintlichen Fremden den Mord an Agamemnon bestätigen und wehklagt über das weitere Glied in der unerbittlichen Fortsetzung des Tantalidenfluchs. Doch als sie erfährt, daß Orest und Elektra dem Blutbad entkommen sind, bricht sie in einen Triumph der Freude aus. Auf ihr Drängen beichtet Orest – immer noch in der dritten Person –, wie es zum Muttermord kam und der Geist Klytämnestras mit einem Fluch die Furien anrief.

Iphigenie ist von der Ähnlichkeit dieses Schicksals mit dem des vor ihr stehenden Fremden betroffen: „Dich drückt ein Brudermord wie jenen, mir / Vertraute dies dein jüngster Bruder schon." (v. 1074–1075). Damit wird Orest sofort klar, daß Pylades die Priesterin getäuscht hat. Mit den Worten: „. . . zwischen uns sei Wahrheit!" gibt er sich zu erkennen.

Es muß an dieser Stelle noch einmal betont werden, daß Orest seine Beichte einer vermeintlichen Fremden gegenüber ablegt. Sein Geständnis, verbunden mit Iphigenies Reaktion, beginnt den Heilungsprozeß. Mit seinem Bericht durchlebt er noch einmal intensiv den Vorgang seiner Handlung, doch sieht er ihn zum erstenmal ungetrübt von den Peinigungen der Furien. Reue und Zweifel haben ihn dazu gebracht, sich in schonungsloser Offenheit einer Priesterin zu entdecken und sich bereitwillig ihrem Urteil auszusetzen. Das Urteil der Priesterin lautet jedoch auf Freispruch. In seinem Geständnis spricht er ein Kernwort des Dramas aus: „Wahrheit". Dieser Begriff wird fortan sein und Iphigenies Handeln bestimmen.

Iphigenies Gedanken sind jetzt freudig und hoffnungsvoll auf die Zukunft gerichtet. Ihr Gebet ist nun weitaus intensiver als im Einleitungsmonolog, denn ihre Lage ist – durch ein persönliches Element erweitert – noch prekärer geworden. Wenn die Götter sie jetzt nicht erhören, wird sie, auf immer an Tauris gefesselt, keine Möglichkeit mehr haben, ihre göttliche Sendung zu erfüllen und wird außerdem hilflos der Opferung ihres geliebten Bruders zusehen müssen. Ihr ganzes Glück hängt davon ab, ihn von den Furien zu befreien und ihm sichere Rückkehr zu ermöglichen. Doch Orest besteht auf Sühne durch den Tod. Iphigenie kann sich nicht mehr verbergen; sie gibt sich ihm zu erkennen. Doch erst als sie erklärt, wie sie durch Dianas Eingreifen vom Altar gerettet wurde und nun als Priesterin ihn, den eigenen Bruder, töten soll, glaubt er ihr. Durch die Hand seiner Schwester zu sterben, empfindet er als höchste Ironie, als gräßliche Krönung des Tantalidenfluchs. Es bleibt ihm nur der Trost, ohne Nachkommen zu sterben, so daß dem Fluch endlich ein Ende bereitet wird. Deshalb fordert er Iphigenie auf, ihm zu folgen. Er tröstet die weinende Schwester und versichert, daß er bereit sei, von ihrer Hand zu sterben, und sinkt schließlich ermattet zu Boden.

*Zweiter Auftritt. Orest*

Orest erwacht aus der Betäubung und beschreibt seine Vision von der Unterwelt, deren Erfahrungen als drittes Stadium unmittelbar mit seiner Heilung verbunden sind.

Im Totenreich sieht er seine Vorfahren friedlich versammelt. Als erster erscheint ihm Atreus im vertraulichen Gespräch mit Thyestes, dessen Söhne jener ermordet hatte. Goethe erwähnt die beiden mit voller Absicht zuerst, denn nicht nur waren ihre Vergehen die *abscheulichsten* aller Tantaliden – Iphigenie beschäftigt sich im ersten Akt damit fast so ausführlich wie mit denen von Tantalos selber –, sie waren auch die *ersten* Verbrechen in der Kette der Morde, die mit Orests Muttermord in direktem Zusammenhang stehen. Indem Goethe die Versöhnung jener beiden Urheber hervorhebt, deutet er das Ende der blutigen Fehde an. So darf Orest sich ihnen zuversichtlich nähern, da auch sein Anteil daran abgeschlossen ist. In seinen Worten „was ihr gesät, hat er geerntet" liegt ein Anspruch auf Vergebung, da sein Vergehen lediglich aus den ihren hervorgegangen ist. Es hat nun zum erstenmal den Anschein, als wenn Orest sich nicht so sehr als Urheber, sondern als Opfer betrachtet, dem seine Verbrechen, gleich denen seiner mehrbelasteten Vorfahren, vergeben werden können.

*Dritter Auftritt. Orest, Iphigenie, Pylades*

Langsam erholt sich Orest von seiner Betäubung. Iphigenie wendet sich noch einmal hilfesuchend an die Götter und zwar zum erstenmal an Apollo und Diana als Geschwisterpaar. Denn durch Diana ist sie nach Tauris gebracht worden; durch Apollo hingegen ist Orest in seine jetzige Lage geraten. Und plötzlich scheint ihr Gebet erhört zu sein. Die Furien sind von ihm gewichen.

Jetzt, am Ende des dritten Aufzuges, läßt sich besser erkennen, welche Funktion Orests Traumgesicht vom Totenreich im Heilungsvorgang erfüllt. In der Vision schlägt die ihm von Iphigenie eingehauchte Hoffnung auf Erlösung Wurzel. Er erfährt dabei im Geiste den Tod, den er in seiner verzerrten Einbildung als Voraussetzung zur Entsühnung ansieht. Er erkennt, daß Liebe und Vergebung wahr sind und über das Grab hinaus Bestand haben. Iphigenie spielt bei Orests Heilung eine dreifache Rolle: als Priesterin, Schwester und als reine Seele. Als Priesterin, abgeschieden von den Irrungen der Welt, hat ihr Freispruch den nötigen Nachdruck. Als seine Schwester beweist sie ihm Liebe und Verzeihung – den Segen, der den Fluch der Mutter ausgleicht. Sie flößt ihm den Glauben ein, daß am Ende die Güte siegt. Liebe, Verzeihung und Güte spiegeln sich dann auch in der glückhaften Versöhnung des Tantalidenhauses in der Unterwelt wider. Nur weil Iphigenie in allem eine reine Seele von höchster Weiblichkeit darstellt, können ihre Bemühungen um ihn erfolgreich sein, kann sie ihn zu seinem Geständnis bewegen und dadurch überhaupt die Voraussetzung zu seiner Heilung schaffen.

## Vierter Aufzug

*Erster Auftritt. Iphigenie*

Der vierte Aufzug setzt sich aus fünf Auftritten zusammen, in denen Iphigenie jeweils im Mittelpunkt der Handlung steht. Sie behandeln Iphigenies inneren Zwiespalt bis zur endgültigen Lösung im fünften Akt. Ungeachtet der berühmten Zeilen „Alle menschliche Gebrechen / Sühnet reine Menschlichkeit" ist ihr Charakter durchaus nicht statisch, denn reine Humanität bedeutet nicht auch gleichzeitig Vollkommenheit. Auch Iphigenie hat ihre schwachen Momente. Sie belügt Arkas, stimmt dem Plan zu, in Thoas ihren besten Freund zu täuschen und ihm das Götterbild zu rauben, und für einen Augenblick verliert sie ihren sonst unerschütterlichen Glauben an die Güte der Götter. Doch am Ende beschließt sie, statt dem Orakel ihrem Herzen zu folgen. Erst als sie ihren wiedergewonnenen Glauben auf die Probe stellt, ist ihr Sieg über sich selbst vollkommen. Erst dann rechtfertigen die Götter Iphigenies Glauben an ihre Güte und zeigen, daß ihr offenbarter Wille mit den Impulsen eines reinen Herzens im Einklang steht.

Zwischen dem dritten und vierten Aufzug hat sich folgendes abgespielt: Pylades hat Orest und Iphigenie in seinen Plan zur Flucht und zum Raub des Dianenbildes eingeweiht; Iphigenie hat den Auftrag erhalten, Thoas zu täuschen. Auf diese Weise konnte Goethe die Wiederholung bei Euripides vermeiden, wo der Plan zuerst erörtert und dann ausgeführt wird.

Die beabsichtigte Täuschung ist Iphigenie im Innersten zuwider. Noch hat sie sich keine Gedanken darüber gemacht, wie sich das Element der Lüge auf ihre hohe Sendung auswirken könnte.

*Zweiter Auftritt. Iphigenie, Arkas*

Der erste Teil dieses Auftritts führt den Beginn des Täuschungsmanövers ein. Inzwischen hat der König versprochen, Iphigenie nach Griechenland zurückkehren zu lassen, wenn sich dazu die Gelegenheit ergibt. Durch eine Heirat mit Thoas könnte sie sowohl ihren Bruder und Pylades retten, als auch von der Notwendigkeit der Täuschung befreit werden. Dennoch ist ihr die Heirat nach wie vor unmöglich, und so fühlt sie sich an Pylades' Plan gebunden. Sie lügt Arkas vor, daß der von Furien verfolgte Fremde des Muttermordes schuldig sei und zusammen mit dem Götterbild ungestört im Meer gereinigt werden müsse, damit er den Tempel nicht entheilige.

Arkas kann natürlich selbst keine endgültige Entscheidung treffen. Im Rahmen seiner Funktion in dieser Szene enthebt er Iphigenie der Notwendigkeit, Thoas direkt zu belügen. Dieser würde sofort eine Entscheidung getroffen haben. So gewinnt sie den nötigen Aufschub, der es ihr ermöglicht, ihren durch Arkas' Appell an ihre Güte und hiesige Aufgabe verschärften inneren Konflikt zu beheben und schließlich mit der Wahrheit vor Thoas zu treten.

*Dritter Auftritt. Iphigenie*

Iphigenie eröffnet ihren kurzen Monolog mit dem Geständnis, wie sich ihr bei Arkas' Rede das Herz auf einmal umgewendet hat. Er hat sie daran erinnert, daß sie auch hier Menschen verlassen würde, die sie lieben, verehren und Hohes von ihr erwarten. Sein Appell macht ihr den Betrug doppelt verhaßt. Ihre letzten Worte lassen erkennen, daß sie sich jetzt auch der Folgen ihrer Lüge bewußt ist: Vernichtung ihrer moralischen Werte, ihrer Selbstachtung, der ethischen und religiösen Basis ihres Lebens.

*Vierter Auftritt. Iphigenie, Pylades*

Zu Beginn des Auftritts bringt Pylades eine frohe Botschaft: Orest ist endgültig geheilt, sogar außerhalb des heiligen Haines haben die Furien keine Macht über ihn. Sie haben ihr Schiff und ihre Gefährten gefunden; alles ist zur Flucht bereit. Wie er sich zum Tempel wendet, um das Götterbild zu stehlen, kann Iphigenie sich nicht überwinden, ihm zu folgen. Damit ist die Grenze ihrer Mitwirkung angedeutet. Vergeblich versucht Pylades, sie mit dem Argument der Notwendigkeit umzustimmen; er kann ihr Gewissen nicht beruhigen. Doch läßt sich Pylades so wenig von seinem Rettungsplan abbringen, wie sie sich von der Autonomie ihres Herzens, das ihr als einziger zuverlässiger Wegweiser zwischen Recht und Unrecht erscheint.

Der innere Konflikt Iphigenies, der im Mittelpunkt des ganzen Aktes steht, erreicht hier seinen Höhepunkt. In raschem Wechsel offenbart Iphigenie den Übergang von einer Stimmung zur anderen. Am Ende des vierten Auftritts schien sie nachzugeben; jetzt hat es den Anschein, als wenn sie teilweise den Glauben an ihre hohe Sendung verliert. In dem Parzenlied werden Erinnerungen an den alten Glauben ihrer Väter wachgerufen. In ihren ersten Worten liegt Resignation; sie gehorcht Pylades, doch nur, weil andere in tödlicher Gefahr schweben. Sie ahnt aber, daß sie dabei immer mehr gegen ihre eigenen Interessen verstößt. Die Flucht, welche vorher alle ihre Wünsche zu erfüllen versprach, droht ihre Sendung zu gefährden. Freude über den wiedergewonnenen Bruder weicht Gewissensbissen und der Angst um ihr eigenes endgültiges Los: „Mein eigen Schicksal macht mir bang und bänger." (v. 1691). Zum erstenmal spricht sie deutlich aus, was sie bisher als ihre Sendung betrachtet hat: Weil sie an Güte und Liebe als Wesenszüge der Götter glaubte, setzte sie voraus, daß kein Fluch ewig dauern könne. Irgendwann hätte es eine Entsühnung geben müssen. Ihr Tempeldienst und ihr reines Herz sollten dereinst des Tantalus' Verbrechen aufwiegen und den auf ihrem Haus lastenden Fluch lösen. Jetzt scheint es ihr, daß zwar alles Gute und Schöne im Leben weicht, doch nicht der Fluch. Statt sie offen zu enttäuschen, scheinen die Götter mit alt erprobter Hinterlist ans Werk zu gehen, indem sie sie der Tugenden berauben, durch die sie ihr Geschlecht zu entsühnen hoffte. Stattdessen bürden sie ihr ein Vergehen auf, das nur in Schuld und Strafe enden kann, denn sie steht vor der Alternative, entweder ihren Bruder und dessen Freund zu opfern oder ihren Wohltäter, „dem ich mein Leben und mein Schicksal danke." (v. 1711), zu belügen und zu berauben. Unter diesen Umständen könnte das eintreten, was sie noch verzweifelt abzuwehren versucht: sie könnte die Götter hassen lernen, so tief, wie es die in den Tartarus gestoßenen Titanen tun. Darum betet sie: „Rettet mich / Und rettet euer Bild in meiner Seele!" (v. 1716–1717).

## Fünfter Aufzug

*Erster Auftritt. Thoas, Arkas*

Zwischen dem vierten und fünften Aufzug ist eine wichtige Entscheidung gefallen: Iphigenie hat ihre Zweifel überwunden und sich entschlossen, von der Täuschung abzulassen. Sie akzeptiert zwar immer noch das Orakel in seinem wörtlichen Sinne und sucht es zu befolgen, doch hofft sie nun, daß sich andere Mittel finden lassen und die Götter durch sie die Wahrheit verherrlichen werden. So stellt sie die Götter und ihre ursprüngliche Überzeugung endgültig auf die Probe. Sie ist sich durchaus bewußt, wie gefährlich ihre Entscheidung ist, denn in diesem Augenblick liegt es in der Macht des Königs, die Absichten der Götter zu vereiteln. In diesem Akt dreht sich also das Geschehen um Thoas und seine Reaktion.

Arkas legt einen kurzen Bericht von seiner Unterredung mit Iphigenie ab. Er hat den Verdacht, daß die Gefangenen auf Flucht sinnen und die Priesterin beabsichtigt, ihnen zu helfen. Einem Gerücht nach liegt das Schiff der Griechen irgendwo verborgen. Thoas befiehlt, man solle die Priesterin vor ihn bringen und augenblicklich die Küste nach dem Schiff absuchen.

*Zweiter Auftritt. Thoas*

Der zutiefst enttäuschte und zornige Thoas zweifelt nicht, daß Iphigenie sich mit den Fremden gegen ihn verbunden hat. Auch Iphigenies Behauptung, das Götterbild müsse gereinigt werden, glaubt er nicht. Er durchschaut ihren Vorwand und fühlt sich in seiner Neigung und seinem Vertrauen schändlich mißbraucht.

*Dritter Auftritt. Thoas, Iphigenie*

Über Thoas' Absicht gibt es in diesem Augenblick keinen Zweifel, wohl aber über die Iphigenies. Sie hat sich zwar grundsätzlich von der Täuschung losgesagt, doch weiß sie nicht genau, wie sie Thoas begegnen und wieviel sie von dem Plan enthüllen wird. Dieser Rest von Unsicherheit entspringt aus Angst. Sie ist immer noch darauf bedacht, wenn möglich Orest und Pylades zu retten und ihnen zu helfen, den Auftrag des Orakels auszuführen, doch soll dies auf ehrliche Weise und mit Thoas' Billigung geschehen. Deshalb bittet sie ihn, den Fremden das Leben zu schenken. Als diese Bitte bei Thoas auf taube Ohren stößt, offenbart sie ihm, daß sie tatsächlich die Absicht haben, zu fliehen, und Apollo ihnen aufgetragen hat, das Götterbild zu entführen. Dann fordert sie ihn auf, auch seinerseits den Göttern zu gehorchen. Thoas verteidigt sich damit, daß nicht er, sondern ein altes Gesetz das Opfer fordere. Er wiederholt: „Gehorche deinem Dienste, nicht dem Herrn!" (v. 1855). Iphigenie sieht diesen Befehl als rohen Zwang gegen eine hilflose Frau und leitet daraus ihre Zuflucht zur List ab. Nach Thoas' Auffassung hat sie aber damit schon den Anspruch verwirkt, eine „reine Seele" zu sein. Iphigenie versucht zwar, die Notwendigkeit der Täuschung zu erklären, kann sie aber im Grunde weder vor ihm noch vor sich selbst rechtfertigen. Denn Hintergehung, selbst wenn diese von den Göttern verlangt wird, läßt sich mit den hohen Anforderungen an eine reine Seele nicht vereinbaren. Sie weiß auch, daß Thoas handeln wird. Ihrer Entscheidung, im nächsten Augenblick alles zu gestehen, geht also ein intensiver innerer Kampf voraus: „O sähest du, wie meine Seele kämpft, ..." (v. 1876).

Dann enthüllt sie den Plan: Die Suche nach den Gefangenen ist vergeblich, sie sind, bereit zur Abfahrt, bei ihren Gefährten auf dem Schiff. Der Ältere der beiden ist Orest, ihr Bruder, der andere sein Freund Pylades:

> Apoll schickt sie von Delphi diesem Ufer
> Mit göttlichen Befehlen zu, das Bild
> Dianens wegzurauben und zu ihm
> Die Schwester hinzubringen, und dafür
> Verspricht er dem von Furien Verfolgten,
> Des Mutterblutes Schuldigen, Befreiung.
> (v. 1928–1933)

Offensichtlich nimmt sie an, daß Thoas nicht umhin kann, dem Auftrag Apollos einige Bedeutung zuzumessen. Doch Thoas bezweifelt, daß es sich bei den Gefangenen um Orest und Pylades handelt. Er meint, zwei Fremde hätten ihre Wünsche und Hoffnungen ausgenutzt und sie betrogen. Iphigenie versichert ihm, sie würde in die Verbannung gehen, wenn dies den Tatsachen entspricht. Wenn nicht, so möge er sein königliches Versprechen einlösen und ihr die Heimkehr gestatten.

Thoas' Antwort deutet an, daß er sich ihren Worten nicht verschließen kann. Doch zuviel verlangt sie in zu kurzer Zeit; er muß es sich erst überlegen.

*Vierter Auftritt. Thoas, Iphigenie, Orest*

Im vorhergehenden Auftritt hat Iphigenie dem König den vom Orakel inspirierten Plan entdeckt. Im letzen Auftritt errät Orest die wahre Bedeutung des Orakels, durch die der Plan sich erübrigt. Die nun folgenden zwei kurzen Szenen bilden dazu die Brücke. Orest stürzt mit gezogenem Schwert auf die Bühne und ruft Iphigenie zu, ihm zu folgen, sie seien verraten. Der König droht ihm; niemand führt in seiner Gegenwart ungestraft das nackte Schwert. Auch Iphigenie befiehlt ihm, das Schwert einzustecken. Als Orest fragt, wer ihn bedrohe, entgegnet sie: ,,Verehr in ihm / Den König, der mein zweiter Vater ward!'' (v. 2003–2004). Sie gesteht, daß sie ihm den Anschlag offenbart hat, um ihre eigene Seele vor dem Verrat zu retten. Damit hat sich der erste Teil ihres Gebets, ,,Rettet mich'', erfüllt.

*Fünfter Auftritt. Thoas. Iphigenie. Orest. Pylades. Arkas*

Pylades tritt auf und mahnt zur Eile. Ihm auf den Fersen folgt Arkas und sagt den bevorstehenden Sieg über die Griechen an. Doch Thoas befiehlt einen Waffenstillstand.

*Sechster Auftritt. Thoas. Iphigenie. Orest*

Iphigenie versucht zwischen den beiden Kontrahenten zu vermitteln. Sie bittet Thoas um Gerechtigkeit, Orest um Zurückhaltung. Thoas wiederholt darauf seine Zweifel an der Identität des Fremden und verlangt schlüssige Beweise. Orest schlägt vor, mit ihm eine neue Sitte einzuführen und die Entscheidung durch einen Zweikampf herbeizuführen. Thoas geht darauf ein und bietet sich selbst als Gegner an. Doch für Iphigenie wäre der Ausgang, wer immer gewinnt, gleich tragisch: sie würde entweder ihren Bruder oder ihren verehrten väterlichen Freund verlieren. So nennt sie andere, körperliche Merkmale, die Orests Identität bestätigen. Aber Thoas ist immer noch nicht überzeugt. Selbst wenn er in dieser Hinsicht seine Zweifel beseitigen könnte, würde der geplante Raub des Götterbildes dennoch keinen Frieden zwischen ihnen gestatten. Dieses letzte Hindernis kann Orest jetzt aus dem Wege räumen. Ihm ist die wahre Bedeutung des Orakels offenbart worden:

> Bringst du die Schwester, die an Tauris' Ufer
> Im Heiligtume wider Willen bleibt,
> Nach Griechenland, so löset sich der Fluch.
>
> (v. 2113–2115)

Statt seiner göttlichen Schwester Diana hat Apollo Iphigenie gemeint. Auch sie blieb „wider Willen" im heiligen Tempel von Tauris. So kann Orest Thoas auffordern, das in ihn gesetzte Vertrauen zu erwidern:

> Gewalt und List, der Männer höchster Ruhm,
> Wird durch die Wahrheit dieser hohen Seele
> Beschämt, und reines, kindliches Vertrauen
> Zu einem edlen Manne wird belohnt.
>
> (v. 2142–2145)

Noch einmal erinnert Iphigenie den König an sein Versprechen, worauf Thoas schließlich sagt: „So geht!" (v. 2151). Iphigenie gibt sich mit dieser widerwilligen Zustimmung nicht zufrieden: nur mit seinem ausdrücklichen Segen und dem sicheren Gefühl, daß fortan ein freundschaftliches Band zwischen ihnen bestehen bleibt, kann sie ihn verlassen. Da nimmt Thoas die Hand, die Iphigenie ihm reicht, und sagt: „Lebt wohl!" (v. 2174). Mehr kann sie nicht von ihm, der in Entsagung und Einsamkeit zurückbleibt, verlangen.

(Nach James Boyd: Goethe's Iphigenie auf Tauris. An Interpretation and Critical Analysis)

# Gedanken und Probleme

## Zur Einführung

Wie die einschlägigen Bibliographien zeigen, liegt eine große Anzahl von wissenschaftlichen Arbeiten über „Iphigenie" vor. Es ist im Rahmen dieses Heftes nicht möglich, die Wege der Iphigenie-Forschung vollständig nachzuzeichnen oder einen umfassenden Bericht über den gegenwärtigen Stand zu geben. Die hier gebotene Auswahl aus der Forschungsliteratur ist allein durch die besondere Zielsetzung dieser Reihe bedingt; sie ist keineswegs repräsentativ für die gegenwärtige Forschungslage.

*S. Melchinger* nennt „Iphigenie" ein „modernes Seelendrama", in dem alle Konflikte ins Innere des Menschen verlegt und alle äußeren Vorgänge privatisiert worden sind. Dies erstreckt sich auch auf die Intimität des Theaterraums, welche erst die Übertragbarkeit seelischer Regungen ermögliche. Für *H. O. Burger* geht es um die Entscheidung zwischen dem im Parzenlied dargestellten *mythischen* Götterbild und dem, das Iphigenie in ihrer Seele zu bewahren sucht. Unter Einsatz ihres Lebens und des Lebens von Orest und Pylades hält sie an ihrem Götterbild fest und wagt damit den „Sprung in den Glauben", der allerdings ein anderer als der christliche ist. Dieser These widerspricht *W. Hodler*. Für ihn ist Iphigenies Erfahrung „ein Glaubenserlebnis" und das Stück ein „christliches Drama in antiker Travestie".

Orests Heilung, von Goethe die Achse des Stückes genannt, ist zu einem vieldiskutierten Punkt geworden. Es sind deshalb drei voneinander abweichende Standpunkte aufgenommen worden. *E. Staiger* vertritt unter Anführung der Beispiele von Egmont und Faust die These vom Heilschlaf im Augenblick höchster Krise. *H. O. Burger* widerspricht Staiger, dessen Interpretation Iphigenie, wie Burger meint, zu einer belanglosen Nebenfigur reduzieren würde. Für ihn kann die Heilung nur durch die von Iphigenie verkörperte „reine Menschlichkeit" geschehen sein. *W. Hodler* wendet sich ausdrücklich gegen beide Thesen: Für ihn ist Iphigenie nur mittelbar als Erleuchtete der Götter an Orests Heilung beteiligt. Diese ist im Grunde eine reine Göttergabe.

Mit der Bedeutung des von Burger nur gestreiften Parzenlieds beschäftigt sich *K. Hamburger* ausführlicher; sie sieht darin ein Bild der archaischen Welt, die sich momentan in Thoas wieder aufzurichten droht, aber mit seinen Abschiedsworten endgültig überwunden wird. Es sollte erwähnt werden, daß *B. von Wiese* in hier nicht aufgenommenen Bemerkungen (Die deutsche Tragödie, 5. Aufl. 1961, S. 103 f.) die Meinung vertritt, daß die im Parzenlied geschilderten zerstörerischen Mächte hier wohl gebannt sind, aber immer noch den Menschen, ja selbst die im Göttlichen geborgene Iphigenie, bedrohen.

Den herkömmlichen Auffassungen vom Stück als Drama der Humanität widerspricht *Wolfdietrich Rasch* in seiner umfassenden Untersuchung (1979). Statt der Entfaltung von Iphigenies positiven Charaktereigenschaften steht für sie das Recht der eigenen

Entscheidung im Mittelpunkt der Handlung, wie denn auch die bekannten Verse von der Heilung alles menschlichen Gebrechens sich nicht auf Iphigenies Wirken beziehen sondern auf Orest, der sich selbst entsühnt und von seinem Wahn erlöst. Nach Rasch entspricht das Drama den theologischen und philosophischen Ansichten der Aufklärung und ist daher ein Drama der menschlichen Autonomie.

## Dokumente

### 1. Ein modernes Seelendrama

„Goethe hat gewiß, wie oft gesagt wurde, aus der antiken Tragödie ein modernes Seelendrama gemacht. Er hat alle Konflikte ins Innere des Menschen verlegt. Ja, er ist darin so weit gegangen, daß er noch den letzten Anschein äußerer Vorgänge privatisiert. Thoas kehrt zu Beginn des Stücks aus einem Krieg zurück. Selbst diesen Krieg hat er nur geführt, um den Sohn zu rächen, der in der Schlacht mit den Feinden gefallen war: ‚Solang die Rache meinen Geist besaß, empfand ich nicht die Öde meiner Wohnung‘ (235). Der Sohn mußte fallen, Krieg mußte sein, und nun muß auch der Frieden einzig dazu dienen, die private Einsamkeit des Königs zu begründen. Das Volk bringt in seinem vernunftlosen Aberglauben den Kriegstod des Sohnes mit den Menschenopfern, also mit dem äußeren Anlaß des Konflikts zwischen Iphigenie und dem König, in Verbindung: das Unglück habe den Landesvater getroffen, weil er die Opfer eingestellt habe. Andere jedoch, so der kluge Arkas, sind der Ansicht, daß sich, seit Iphigenie da ist, und also seit die Opfer nicht mehr stattfinden, alle Dinge für das Land zum Besten gewandt haben: ‚Wenn du dem Volke, dem ein Gott dich brachte, des neuen Glückes ewge Quelle wirst‘ (140/141). Das heißt: Die Humanisierung beflügelt den Menschengeist zu glücklicheren Taten; selbst die Unwissenden werden mit hineingerissen in die allgemeine Wandlung: das prästabilierte Edle ist, sofern man es nur bejaht und daran glaubt, imstande, das Zusammenleben der Menschen zu veredeln. In Goethes Stück gibt es kaum einen Anflug der nationalgriechischen Verachtung gegen die Barbaren mehr: es ist das Barbarische, das verabscheut wird, nicht der Barbar. Keine von allen Figuren vollbringt eine sittliche Tat, die mit der tiefen Selbstüberwindung des Barbarenkönigs am Ende des Stücks vergleichbar wäre. So tritt durch die allgemeine Verinnerlichung hindurch doch das Humane als ein gesellschaftliches Ideal mit einer überwältigenden Selbstverständlichkeit in Kraft.
. . .

Euripides stellt das Geschehen seines Stückes in die Welt, wie sie ist: tragisch, und die Menschen in das Leben, wie es ist: tragisch. Welt, wie sie ist, ist undenkbar ohne Geschichte, ohne Politik, ohne Gesellschaft. Sie kann nicht nur innerlich sein: sie ist öffentlich, und was immer mit Menschen in ihr geschieht, geschieht vor aller Welt, eben in der Öffentlichkeit. . . .

Diesem gewaltigen Theater der Öffentlichkeit setzt Goethe nun ein neues Theater entgegen, das einen Raum besitzt, über den die Alten nicht verfügten: Intimität. Nähe ist da zwischen den Menschen, nicht nur zwischen denen auf der Bühne, sondern auch zwischen den Spielern und dem Publikum. ...

Im kleinen Format dieser Theaterwelt wurde die Übertragbarkeit seelischer Regungen zur Hauptaufgabe der künstlerischen Darstellung. ... Die ‚schöne Seele' mußte dem Publikum aus der vertraulichen Nähe der Intimität erstrebenswert gemacht werden. Abbildungen idealen Lebens sollten die Menschen anspornen, auf die gleiche Höhe der Sittlichkeit und des Geschmacks zu gelangen. Das Format der antiken Tragödie konnte nicht übertragen werden; wohl aber vielleicht jene ‚edle Einfalt und stille Größe', die Winckelmann in der Bildenden Kunst der Alten entdeckt hatte. Von der Intimität konnte der Weg zur Idealität führen. ...

Das Idealische, das uns heute befremdet, hatte in dem Theater Goethes eine konkrete Aufgabe. Die Antike sei ein ‚idealisiertes Reales', sagte er zu Riemer am 28. VIII. 1808. Es sollte durch die Wirkung auf gleichgestimmte Seelen den Glauben an die Möglichkeit einer Veränderung des gewöhnlichen in ein schöneres Leben bestätigen und andere zu diesem Glauben verführen. ...

Das Theater Goethes sah ... seine wahre Wirklichkeit in dem Abend, an dem lebende Menschen vor lebenden Menschen spielen. Das 19. Jahrhundert hat das deutsche Theater, wo immer es seriös sein wollte, literarisiert. Noch 1914 konnte Friedrich Gundolf einen Satz drucken lassen, dem die Schulästhetik zustimmte: ‚Was Shakespeare', so heißt es in dem sonst bewundernswerten Buch ‚Shakespeare und der deutsche Geist', ‚im Geistesleben der Menschheit, auch der deutschen bedeutet, bedeutet er als Dichter, und daß man Theaterabende mit seinen Stücken gefüllt hat und noch füllt, ist eine wirtschaftliche, keine geistesgeschichtliche Erscheinung'. Im Grunde ist es erst Brecht gelungen, diesem Hochmut der Literatur gegenüber der Bühne ein Ende zu bereiten. Er war wie die Griechen, wie Shakespeare und Calderon, wie Molière und – dieser Nachweis sollte erbracht werden – wie Goethe Stückeschreiber nicht als Dichter, sondern als Theatermann. Und wenn man sich heute angewöhnt hat, Goethes Regieführung und seine Regeln für Schauspieler zu belächeln, so verkennt man den eminenten Theatersinn, der in ihnen spürbar wird, sobald man sie recht versteht. Das Tableau – die sinnfällige Gruppierung, mit der die auffallend gemachte Wahrheit dem Gedächtnis eingeprägt werden soll, war ein zentrales Postulat der Brechtschen Theaterarbeit; es ist in der jüngsten Entwicklung der Regie (bei Strehler und Peter Brock, im ‚Bremer Stil', in Palitzschs Stuttgarter Inszenierung der Shakespeareschen Heinrich VI.-Trilogie) ein Formprinzip geworden, das sich von dem Goetheschen nur dadurch unterscheidet, daß nicht mehr das Malerische gesucht wird, wie es einst das Kerzenlicht gefordert hat, sondern eine Art Superplastik, wie sie durch die moderne Technik (Flutlicht, nicht-illusionistisches Beleuchtungssystem) ermöglicht oder herausgefordert wird.

Als Goethe in seinem konkreten Theater resignierte, wandte er sich wieder dem imaginären zu, für das er die Visionen seiner Jugend entworfen hatte. Daß diesem Theater die realste Zukunft gehören sollte, wissen wir heute: der für unaufführbar gehaltene Faust ist das größte Theaterstück der Deutschen geworden.''

(Siegfried Melchinger: Das Theater Goethes – am Beispiel der Iphigenie. Jahrbuch der deutschen Schillergesellschaft, Bd 2 (1967), S. 297–319)

## 2. Ein echtes Glaubensdrama

„Die Furien sind im dritten Aufzug gewichen; im vierten tauchen die Parzen auf, die den Schicksalsfaden spinnen. Bei Goethe freilich spinnen sie nicht den Faden, sondern singen ein Lied vom Wesen der Götter. In diesem Lied, wie schon überhaupt in der Vorstellung von Parzen, zeigt sich ein Götterbild, das ‚furchtbar‘ ist und ‚Widerwillen‘, ‚Haß‘ erweckt. ‚Vergessen hatt’ ich’s und vergaß es gern‘, sagt Iphigenie. Für sie war ein anderes Götterbild an die Stelle getreten, und daß ihr dieses erhalten bleibe, fleht sie die Götter an: ‚Rettet mich und rettet euer Bild in meiner Seele!‘ Rettet mich vor dem Schuldig-werden-müssen und bestätigt so mein eigenes inneres Bild von euch, damit nicht das alte Götterbild der Parzen es überwältige.

Auf ihr eigenes Bild von den Göttern hin wagt es dann Iphigenie (V, 3) gegenüber Thoas statt mit List und Lüge, Betrug und Raub mit der Wahrheit: ‚Ein kühnes Unternehmen‘, sagt sie selbst.

> Ich werde großem Vorwurf nicht entgehn
> Noch schwerem Übel, wenn es mir mißlingt,
> Allein euch leg’ ich’s auf die Kniee! Wenn
> Ihr wahrhaft seid . . .
> So zeigt’s durch euren Beistand und verherrlicht
> Durch mich die Wahrheit!

Einzig die Wahrheit kann Iphigenie vor der Verstrickung in Schuld gegen Thoas bewahren; aber wird sie dafür nicht Orest und Pylades verraten und gegen das Gebot Apollos freveln? . . . Iphigenie gesteht dem König die Flucht der beiden Gefangenen und den geplanten Anschlag auf das Bildnis, die Sakralstatue der Diana. Den Bruder wie mich selbst, ‚von Tantals Haus‘ die beiden einzigen ‚Überbliebnen‘, ‚hab’ ich nun . . . in deine Hand gelegt: Verdirb uns – wenn du darfst‘.

Deutlich korrespondieren diese Worte mit dem vorausgehenden Gebet Iphigenies: indem sie das Schicksal der Tantaliden dem König in die Hand legt, legt sie es den Göttern auf die Kniee. Nur so, in ganz anderem Sinn als für Staiger, gilt innerhalb des Dramas, daß ‚auch die Wahrheit über die Götter in den Händen des Menschen ruht‘. Die Götter haben zu entscheiden, ob Thoas die Geschwister verderben darf. Ihr Wille, ja ihr Wesen wird sich darin kundtun, entweder das Parzenlied oder den Glauben der Iphigenie bestätigend. Wir stehen am zweiten, den ersten im pragmatischen wie im ideellen Nexus noch übergipfelnden Höhepunkt des Dramas.

Iphigenie fordert unter Einsatz ihres Lebens und des Lebens von Orest und Pylades eine Art Gottesgericht heraus, das für sie zwischen zwei Arten der Göttervorstellung entscheiden soll. Das Gottesgericht wird ihr Gottesoffenbarung sein. Nachdem Iphigenie in ihren Worten, die ja zugleich Tat sind, die ‚Stimme der Wahrheit und der Menschlichkeit‘ hat sprechen lassen, kommt es darauf an, ob Thoas sie vernimmt, ob sie in seinem eigenen Inneren ebenfalls die Stimme der Wahrheit und der Menschlichkeit anklingen läßt, so daß er sich mit den Griechen gütlich einigt.

Iphigenie glaubt – und wie ihre Worte Tat sind, so ist ihr Glaube Wagnis – daß die Stimme jeder höre, ‚dem des Lebens Quelle durch den Busen rein / Und ungehindert fließt.‘ Des Lebens Quelle ist die Natur. In jedem natürlich-unverdorbenen Menschen also redet, und zwar als unmittelbares Gefühl (v. 1992), ihre Stimme. Indem Iphigenie sich zur reinen Menschlichkeit bekennt, bekennt sie sich, und bekennt sich mit ihr wohl auch Goethe zu einer natürlichen Offenbarung, zum lumen naturale im Menschen.

Die auf solche Art reflektierende Interpretation könnte den Eindruck erwecken, als handle es sich bei Goethes Drama um weltanschauliche Spekulation. Wenn das ihr Ergebnis wäre, würde sie gerade das Wesentliche zuschütten, statt es aufzudecken. Iphigenie spekuliert nicht, und auch der Dichter tut es nicht; Iphigenie wagt den Sprung in den Glauben, und das stellt der Dichter dar. Daß in ‚Iphigenie auf Tauris‘ ein anderer Glaube dargestellt wird als der christliche, braucht nicht besonders gesagt zu werden, wohl aber, daß dieses Werk, wie kaum ein zweites in der deutschen Dichtung, echtes Glaubensdrama ist.“

(Heinz Otto Burger: Zur Interpretation von Goethes ‚Iphigenie‘, S. 275 f.)

### 3. Ein christliches Drama in antiker Travestie

„H. O. Burger spricht es in dem eingangs erwähnten Aufsatz [Zur Interpretation der ‚Iphigenie‘] aus, ‚daß die ‚Iphigenie‘, wie kaum ein zweites in der deutschen Dichtung, ein Glaubensdrama ist‘. Er fügt aber hinzu: ‚Daß in ‚Iphigenie in Tauris‘ ein anderer Glaube dargestellt ist als der christliche, braucht nicht besonders gesagt zu werden.‘

Diese Behauptung möchten wir doch beträchtlich einschränken. Daß dieser Glaube nicht unchristlich ist, muß danach anscheinend gesagt werden. Keinem Leser wird entgehen, daß der in der ‚Iphigenie‘ bekannte Glaube von christlicher Substanz lebt. Goethe hatte übrigens hier keine Glaubenssystematik vorzulegen; er gestaltet Glaubenserlebnis. Er zeigt in Handlungen, wie sich Glaube auslebt. Der dogmatische Grund seines Glaubens braucht gar nicht zum Vorschein zu kommen, oder wenn er zum Vorschein kommt, dann doch nur sehr fragmentarisch. Wenn nun aber der in diesem Drama sich auslebende Glaube zu eminent christlichen Taten führt, wie wir das gezeigt haben, eminent christliche Gesinnung offenbart, wer will diesem Glauben dann die christliche Signatur absprechen? ‚An ihren Früchten sollt ihr sie erkennen.‘ Wäre dann etwa einer vermeintlich einwandfreien Dogmatik, unabhängig von irgendwelchen aus ihr hervorgehenden Handlungen, das Prädikat eines christlichen Glaubens zuzuerkennen? Bevor sich übrigens die Christenheit über ein solches rein christliches Dogma einig geworden ist, scheint es mir verfrüht, den in der Iphigenie bekannten Glauben aus dem christlichen Raum hinauszuweisen.

Burger selbst weist darauf hin, daß fundamentale christliche Glaubenssätze, wie der von der Erbsünde, den ideologischen Hintergrund von Vorstellungen, die in diesem Drama eine Rolle spielen, bilden. Bei dem auf Orest lastenden Erbfluch möchte ich übrigens weniger an die Erbsünde als an die mosaische Formel von dem ‚Gott, der die Missetat der Väter heimsucht an den Kindern bis in das dritte und vierte Glied' (2, Mos. 20:5) denken. Dieser Wahrheit wird von Pylades übrigens die umgekehrte – sicher ein Bekenntnis des Dichters enthaltende – entgegengehalten:

> ,Die Götter rächen
> Der Väter Missetat nicht an dem Sohn.
> Ein Jeglicher, gut oder böse, nimmt
> Sich seinen Lohn mit seiner Tat hinweg.
> Es erbt der Väter Segen, nicht ihr Fluch' (I 1),

womit er auch wieder eine biblische Antithese zitiert: ,(Der Rechtschaffene und Gottesfürchtige) soll nicht sterben um seines Vaters Missetat willen, sondern leben' Hesekiel 18:(1–)17.

Wir dürfen die ,Iphigenie' also doch wohl ein christliches Drama nennen, ein christliches Drama in antiker Travestie. Was für ein anderer Glaube erschiene denn darin? Damit haben wir doch nicht behauptet, daß Goethe hier ein rein christliches Bekenntnis ablege. Es ist eine christliche Gesinnung von überkirchlicher Gestalt, wie sie der klassische Humanismus nie verleugnet hat, der sich bloß von der konventionellen Form des Gewohnheitschristentums bewußt distanziert. Als Feind aller leeren Wortschälle meidet Goethe den Ausdruck ,christlich' gern; daher ist ihm die antike Verkleidung willkommen.''

(Werner Hodler: Zur Erklärung von Goethes ,Iphigenie', S. 162 f.)

*4. Orests Heilung*

a) Ein Heilschlaf

,,Die Zukunft des Menschen wird umhegt von Iphigeniens innigem Glauben. An dem Vergangenen ändert ihre Auffassung des Schicksals nichts. Die Greuel haben sich gehäuft. Die Gattin hat den Gatten, Orest, in scheinbar unauflöslicher Verstrickung, seine Mutter ermordet. So stürzt ihn der Anblick der reinen Schwester nur um so tiefer in den Abgrund des Selbsthasses und der Verzweiflung hinab. Doch nun empfängt er den vielberedeten, von Geheimnis umwobenen Segen. Er entschläft; er bleibt allein. Sogar Iphigenie hat sich entfernt. Dann wacht er auf und ist erlöst. Es wurde bereits gesagt, daß hier wohl ein Moment mitspielt, das einer Erklärung aus Goethes Leben, aus seiner Liebe zu Frau von Stein bedarf und in der antiken Fabel nicht vollkommen aufgegangen ist. Dennoch bleibt bestehen, daß der Dichter sich gestattet, Orests Erlösung einfach zu behaupten und offenbar viele Mitglieder eines wunderbar verschlungenen seelischen Vorgangs auszulassen. Es genügt nicht, zu bemerken, daß nach den Gesetzen der Psychologie gerade der höchsten Aufregung am ehesten die Entspannung folge und daß Orest die schwerste Last sich von der Seele geredet habe. Das ist zu modern gedacht und dürfte zum mindesten für die bewußte Motivierung Goethes kaum zutreffen. Es genügt auch nicht, von einer sakralen Katharsis zu sprechen. Dergleichen fiele aus dem Rahmen einer so durchaus menschlichen Dichtung und fände überdies besser unter sichtbarem Beistand der Priesterin statt. . . .

Nun steht die Szene in Goethes Schaffen nicht vereinzelt da. Wie Orest entschlummert Egmont, eben da die Krise, da seine Sorge den Höhepunkt erreicht. Und ebenso entschlummert Faust nach Gretchens Untergang. Auch Egmont und Faust erwachen erfrischt. ... Im Augenblick, da der Held sich in unauflösliche Widersprüche verstrickt, da die Erforschung des Gewissens, die Prüfung der Lage sich der Grenze des Unerträglichen nähert, wo nur der Wahnsinn oder der Selbstmord übrig zu bleiben scheint, verzichtet Goethe auf Konsequenz und überläßt das schwergeprüfte Gemüt der Gnade des Vergessens. Ein Tragiker mit der ‚nordischen Schärfe des Hypochonders‘ (zu J.D. Falk, um 1809) wie Heinrich von Kleist würde dies zweifellos ein Versagen nennen, das eines überlegenen Geistes nicht würdig sei. Der Dichter der ‚Iphigenie auf Tauris‘ gibt uns im Gegenteil zu verstehen, daß es dem Menschen nicht geziemt, auf seinen Gedanken zu beharren und eins ins andere zu verflechten, wenn sich ein solches Gespinst am Ende tödlich um ihn zusammenzieht. Der Geist erscheint ihm als Blüte des Lebens. Wie kann er dem Leben verderblich sein? Nur dann, wenn sein Träger mit aller Gewalt eine deutlich empfohlene Ordnung aufhebt und eigensinnig die Stimme des vitalen Gewissens überhört. Abend für Abend ist den Geschöpfen der Erde die Gabe des Schlafs gegönnt. Der tragischfolgerichtige Dichter aber hält die Augen krampfhaft offen, starrt ins Dunkel und widerstrebt dem stillen gütigen Gott, der auch bei ihm einkehren will. Er widerstrebt der allen Wesen unentbehrlichen täglich angebotenen Einigung mit der Tiefe, aus der das wache Leben quillt, und vermißt sich der ungeheuren Behauptung, daß seine eigene Weisheit verpflichtender sei als die des dunklen Grunds. So verscherzt er die Gunst der Stunde des Morgens, die dem Körper wie dem Geist eine Auferstehung gewährt und die Welt in anderem Lichte zeigt. Der Eiferer möge nicht erwidern, ein solches Vergessen sei frivol. Auch der Frivole handelt nicht den Gesetzen des Daseins gemäß. Er entzieht sich der Erschöpfung und also auch der Verwandlung, die doch allein das Vergessen der Schuld und des tragischen Irrsals rechtfertigen kann. Faust sowohl wie Orest und Egmont stehen aus dem Heilschlaf als verwandelte höhere Menschen auf und dürfen mit unbeschwertem Gemüt den freudigen Gruß des Lebens erwidern. So gleichen sie dem Dichter, der sich noch in seinen letzten Jahren zur Gnade des Vergessens bekannte. ‚Man bedenke‘, schreibt Goethe am 15. Februar 1830 an Zelter, ‚daß mit jedem Atemzug ein ätherischer Lethestrom unser ganzes Wesen durchdringt, so daß wir uns der Freuden nur mäßig, der Leiden kaum erinnern. Diese hohe Gottesgabe habe ich von jeher zu schätzen, zu nützen und zu steigern gewußt.‘ "

(Emil Staiger: Goethe, Bd. 1, S. 368–370)


b) Erlösung durch reine Menschlichkeit

„‚Jede andere Deutung‘ als seine Übersetzung des ‚vergossnen Mutterblutes‘ in ‚gebrochne Treue‘ bietet nach Staiger ‚ein Dogma anstelle des Geistes, der blütengleich dem Leben entsprießt‘. Von der hier vorgeschlagenen Deutung kann man zurecht sagen, daß sie mit einem Dogma operiere, aber bringt sie das in Gegensatz zum ‚Geist, der dem Leben entsprießt'? Auf das ‚blütengleich' verzichte ich in solchem Zusammenhang gern. –

> O wenn vergossnen Mutterblutes Stimme
> Zur Höll' hinab mit dumpfen Tönen ruft,
> Soll nicht der reinen Schwester Segenswort
> Hilfreiche Götter vom Olympus rufen?

Orest hört nur die Worte von des Mutterblutes Stimme: ‚Es ruft! es ruft!' Iphigenie kommt nicht dazu, das Segenswort zu sprechen, und so greift denn auch keine Transzendenz, keine göttliche Gnade ein. Eine entscheidende Stelle für den ideellen Nexus der Dichtung: der theologische Hintergrund im christlichen wie im heidnischen Sinn verschwindet, um die Erlösungstat jener reinen Menschlichkeit zu überlassen, die von Iphigenie verkörpert wird und um die das Drama seit Anbeginn kreist.

Indem Orest allmählich begreift, wen er vor sich hat, erscheint ihm die Tatsache, daß nun die Schwester den Bruder am Altar wird opfern müssen, als ‚letzte, gräßlichste' Auswirkung des Götterzorns. Mit Iphigenie jedoch fühlt er plötzlich tiefes Mitleid:

> Weine nicht! Du hast nicht schuld.
> Seit meinen ersten Jahren hab' ich nichts
> Geliebt, wie ich dich lieben könnte, Schwester.

Eine ganz neue Innigkeit bricht in diesen Worten auf. Danach heißt es von Orest: ‚Er sinkt in Ermattung' (Ende des zweiten Auftritts). ‚Aus seiner Betäubung erwachend' hat er einen Wachtraum, eine Halluzination. Er sieht im Hades alle seine Ahnen friedlich und freudig vereint, und auch ihn selbst, den Mörder Klytämnestras, heißen sie willkommen. Die Wut der Rache ist erloschen. Nur Tantalus bleiben ‚grausame Qualen … fest angeschmiedet'.

Im dritten Auftritt findet dann Orest zur Tageswelt, zu Iphigenie und Pylades zurück, denen er versichert:

> Es löset sich der Fluch, mir sagt's das Herz,
> Die Eumeniden ziehn, ich höre sie,
> Zum Tartarus zurück und schlagen hinter sich
> Die ehrnen Tore fernabdonnernd zu.

Die Eumeniden, die Furien, die Geister der Rache haben ihre Macht über Orest verloren.

Ausdrücklich nennt dieser im vierten Aufzug Iphigenie seine Retterin (V. 1545) und sagt noch im fünften (V. 2119f.):

> … Von dir berührt
> War ich geheilt; in deinen Armen faßte
> Das Übel mich mit allen seinen Klauen
> Zum letzten Mal und schüttelte das Mark
> Entsetzlich mir zusammen; dann entfloh's
> Wie eine Schlange zu der Höhle.

Goethe nimmt das, den Sinn abstrahierend, wieder auf mit seiner Versformel, daß ‚Alle menschliche Gebrechen/Sühnet reine Menschlichkeit.' Durch das Bild der

Schlange und das Wort ‚sühnet' schimmert fern und wie verwischt noch immer etwas vom Hintergrund biblischer Theologie. Im Vordergrund steht, die Szene, das Geschehen bestimmend, Iphigenies reine Menschlichkeit.

So hat es Goethe ohne Zweifel gemeint. So ist es aber auch Wirklichkeit im Drama. Orest, den Furien ausgeliefert, lebt unter dem Bann seiner furchtbaren Schuld. Alles, was ihm begegnet, wird, psychologisch gesprochen, in seinen Schuldkomplex und Verfolgungswahn einbezogen, bis er die Schwester sieht, mit den Augen des Herzens. Da empfindet er tiefes Mitleid. Liebe, wie er sie nie gekannt, liegt als Möglichkeit in diesem Mitleid beschlossen. Eine neue Hoffnung und Gewißheit ergreift von seiner Seele Besitz, der Glaube an die Macht solcher Liebe. Sie söhnt die Menschen miteinander aus und heilt die Qualen des Schuldgefühls. Das wird durch die Hadesvision veranschaulicht und mit den Worten Orests bestätigt: ‚Es löset sich der Fluch, mir sagt's das Herz . . .'

Der Vorgang scheint mir, wie gesagt, sowohl ein Höhepunkt in der Evokation reiner Menschlichkeit als auch ein sinnvolles Glied im ideellen Nexus des Dramas zu sein, geistig nachvollziehbar und von starker Überzeugungskraft. Unversehens hat sich uns freilich der Aspekt der Interpretation vom Mythologischen und Theologischen zum Psychologischen hinüber verschoben. Weist das auf eine Willkür der Interpretation oder hat der Wechsel im Wesen der Goetheschen Dichtung seinen Grund? Ich möchte letzteres meinen. Denn während sich in der Darstellung von Orests Schuld als Erbschuld die Dimension transzendenter Wahrheit auftut, wird die Befreiung Orests von den Furien, die Lösung des Schuldgefühls, als innerseelisches Ereignis vorgeführt. . . .

Muß nicht, von allem übrigen Wie und Warum abgesehen, eine Interpretation Bedenken erwecken, für die die Iphigenie bei einem – auch nach Staiger – so wichtigen Geschehen wie der Heilung Orests zur belanglosen, ja eigentlich störenden Nebenfigur wird? Ist sie doch die Titelheldin und in allen übrigen Akten die tragende Figur. Ihretwegen hat der Barbarenkönig das Gesetz des Landes, wonach jeder Fremde dem Opfertod geweiht ist, außer Kraft gesetzt. Und als Iphigenie klagt, ihr Leben sei unnütz, antwortet Arkas:

> Das nennst du unnütz, wenn von deinem Wesen
> Auf Tausende herab ein Balsam träuft.
> Wenn du dem Volke, dem ein Gott dich brachte,
> Des neuen Glückes ew'ge Quelle wirst?

Schon Iphigenie, wie sie während des I. Aktes im eigenen Wort und im Wort der andern da ist, können wir nicht besser beschreiben als mit dem Ausdruck ‚reine Menschlichkeit'."

(Heinz Otto Burger: Zur Interpretation von Goethes Iphigenie, S. 269–273)

c) Heilung durch die Götter

„Wir kehren zu unserer Frage zurück: Hat Iphigenie den Orest geheilt? Davon kann keine Rede sein. Hat der Erschöpfungsschlaf die Heilung bewirkt? Das wäre doch eine äußerliche, fade Motivierung. Wir dürfen übrigens annehmen, daß Orest sich nicht zum erstenmal bis zur Erschöpfung ausgetobt habe, doch ohne daß daraus eine Heilung hervorgegangen wäre.

Wo liegt denn die Ursache der Heilung? Die Antwort ist sehr einfach. Sie kann nicht anders lauten als: Die Götter haben ihn geheilt. Daß Goethe so verstanden sein möchte, deutet er durch das Gebet Iphigeniens an die himmlischen Geschwister an. In dem Augenblick, da Iphigenie betet, ist aber Orest schon geheilt, und zwar durch Intervention der Götter, die damit ihre feierlich gegebene Zusage erfüllen. Apoll hatte dem Orest das Orakel gegeben:

> ‚Bringst du die Schwester, die an Tauris' Ufer
> Im Heiligtume wider Willen bleibt,
> Nach Griechenland, so löset sich der Fluch' (V 6).

In des Pylades Interpretation lautet die Verheißung:

> ‚Apoll
> Gab uns das Wort, im Heiligtum der Schwester
> Sei Trost und Hülf und Rückkehr dir bereitet' (II 1).

Orest, vom Freunde angetrieben, hat sich, wenn auch ohne Zuversicht, auf den Weg gemacht. Nun steht er im Heiligtume der Schwester gegenüber. Die gegenseitige Erkennung hat stattgefunden. Jetzt muß der Fluch sich lösen gemäß der göttlichen Zusage. Und er löst sich auch. Iphigenie ist dabei gar nicht im Spiel. Die Heilung Orests hat keine psychologischen oder psychiatrischen Hintergründe. Nicht einmal das Gebet der Iphigenie ist die Ursache der Heilung, denn Orest war geheilt, als sie betete. Die transcendente Schuld und Strafe des Orest wird behoben durch transcendente Erlösung. Diese ist Göttergabe. Einem antiken Publikum wäre dieses Verständnis ganz selbstverständlich gewesen.

Daß die Heilung des Orest gleich nach der Erkennungsszene geschieht, hat natürlich seine Bedeutung. Dadurch interpretiert der Gott die Meinung des Orakels: Dies ist die Schwester, von der der Gott redet.

Aber Goethe konnte doch nicht an ein antikes Publikum denken. Er schrieb für heutige Leser (Zuschauer). Die antike Form verstehen wir als Travestie modernen Erlebens. Danach ist für uns die Furienbesessenheit Orests eine Metapher für schwere Gemütszerrüttung oder temporären Wahnsinn. Dem Literaturkenner wird dabei die Hypochondrie des jungen Goethe vor Augen schweben. Bedingt solche laufende Umdeutung des Dramas durch den modernen Zuschauer nicht auch eine veränderte Motivation? Genügt uns z. B. die Motivierung der Genesung Orests auch noch, wenn wir dabei an den wohltätigen Einfluß der Charlotte von Stein auf die Gemütslage des jungen Goethe denken? Mit andern Worten: Möchte Goethe in seinem Fall ebenso wie in dem dichterischen Niederschlag dieses Erlebnisses, eben der ‚Iphigenie', die Heilung als eine Gottesgabe verstanden wissen? Dies ist es, was wir allerdings glauben.

An dieser Heilung ist hier Charlotte von Stein, dort Iphigenie nur mittelbar beteiligt. Iphigenie ist die besonders Erleuchtete und Begnadigte der Götter, weil die reinste Vertreterin göttlicher Erhabenheit. An der Rettung Iphigeniens ist den Göttern in erster Linie gelegen; dem Orest gilt ihre Gunst nur mittelbar. Von der Heimholung der Dianastatue ist vollends zu schweigen. Dem Orest wird Sühnung des Fluches und Erlösung zuteil insofern, als er sich zur Befreiung und Heimführung Iphigeniens aufmacht. Für Orest besteht also wohl ein Zusammenhang zwischen Iphigenie und seiner Heilung, weil er den Kontakt mit den Göttern nur über den mit Iphigenie hin gewinnen kann. Seine Erlösung schreitet vorwärts in dem Maße, als er sich um die Erfüllung des Götterwillens bemüht."

(Werner Hodler: Zur Erklärung von Goethes ‚Iphigenie‘. S. 159f.)

### 5. Das Parzenlied und der Sieg des humanen Menschentums

„ . . . das Parzenlied in Iphigeniens Munde hat den tiefen Sinn, im großartigen Bild der thronenden Götter, die Tantalus vom goldnen Stuhle stoßen, die Zeitenwende aufleuchten zu lassen, an der der Mensch aus archaischer Gebundenheit, dem Glauben an willkürlich über ihn herrschende Mächte zu sich selbst, zum Bewußtsein seiner selbst, seiner Menschlichkeit, Sittlichkeit, jener seiner Göttlichkeit fand, die seine Humanität ist. Denn es ist zu beachten, daß Iphigenie das Parzenlied als Zitat, aus der Distanz sagt, es aus der Erinnerung heraufholt – ‚In unsrer Jugend sang's die Amme mir . . .‘ – ein altes Lied, das alt schon war, von längst Vergangnem schon sprach, als es die Amme sang. Es steht an der Stelle, am Schluß des 4. Aktes, an der noch einmal das Alte, die archaische Welt der Menschenopfer sich aufzurichten und die neue Iphigenienwelt zu vernichten droht. Sie richtet sich noch einmal auf in Thoas, der voll Zorn und sich betrogen fühlend, an Orest und Pylades das Opfer vollziehen lassen will, das, wie er sagt, der Göttin schon zu lange vorenthalten war. Aber es steht dennoch auch in Thoas nicht mehr in seiner archaischen Urform auf, sondern als Rückfall aus einem schon gesitteten Stadium seines Lebens, ja sogar gerade durch dieses begründet: durch die Verletzung seiner Seele, die ihm Iphigeniens wie immer zarte Abweisung seiner Werbung zugefügt. Das Parzenlied steht im Gefüge des Dramas genau an der Stelle, wo, im 5. Akt, das Licht der Humanität ganz hindurchbricht, die Iphigenienwelt sich endgültig herstellt, auch noch gegen die Versuchung, der Iphigenie selbst durch den furchtbaren Zwang der Umstände ausgesetzt ist: mit den Ihren heimlich zu fliehen, den Mann zu belügen und zu hintergehen, der ihr vertraut hatte, ihr ‚zweiter Vater ward‘. Der Sieg des humanen Menschentums mit den Prinzipien und Ideen, durch die es erfüllt ist, Wahrheit, Vertrauen zwischen Mensch und Mensch, Verwerfung der Lüge, jeglichen egoistischen und utilitaristischen Verhaltens, Verwerfung der Rede vom Zweck, der die Mittel heiligt – wie er dem Sinne nach die Euripideische Iphigenie durchaus bestimmt –, all dies setzt sich nun in voller Kraft und mit Worten durch, die klassische Worte unserer klassischen Humanitätsepoche geworden sind:

Weh! o weh der Lüge! Sie befreiet nicht,
Wie jedes andre wahrgesprochene Wort,
Die Brust; sie macht uns nicht getrost, sie ängstet
Den, der sie heimlich schmiedet, und sie kehrt,
Ein losgedruckter Pfeil, von einem Gotte
Gewendet und versagend, sich zurück
Und trifft den Schützen. (V. 1405 f.)

Durch Wahrheit stimmt Iphigenie Thoas um, sie legt ihr und der Freunde Schicksal in seine Hand, sie ruht nicht, bis er sie in Freundschaft ziehen läßt, mit den einfachen Worten ‚Lebt wohl!' – es bedarf keines weiteren Kommentars dieser Szenen, hochberühmt in der Geschichte der deutschen Humanitätsphilosophie und -dichtung."

(Käte Hamburger: Von Sophokles zu Sartre, S. 104 ff.)

*6. Zur metrischen Form*

„Als metrische Form des Dramas wählte Goethe, darin in Nachfolge Shakespeares, jenen fünffüßigen iambischen Blankvers, den, abgesehen von anderen Versuchen, Lessing im ‚Nathan' zum erstenmal als das Maß des klassischen Dramas verwandt hat. Neben dem Blankvers erscheinen noch andere Metren, insbesondere für die Monologe. Über sie sei im folgenden ein kurzer Überblick gegeben. In dem Monolog der Iphigenie I,4 ist entsprechend dem erregten Charakter des Sprechens ein Versmaß eingeführt, das, mit wechselndem Ausgang aus Daktylen und Trochäen gemischt, insofern einheitlich gestaltet ist, als die Verse im allgemeinen an vier Hebungen festhalten. Ebenso erfolgt in dem Monolog des Orestes III,2 von 1281 an die Wahl eines neuen Versmaßes, auch hier in der Absicht, dem Wechsel der Stimmung in dieser Weise Ausdruck zu geben: Hatte das Gespräch in Blankversen begonnen, so werden diese abgelöst durch ein lebhafteres Metrum, in dem Iamben und Anapäste gemischt sind, wobei bei aller rhythmischen Differenzierung die regelmäßige Vierhebigkeit gewahrt bleibt. Wieder ist es am Anfang des 4. Aufzugs ein daktylisch-trochäisches Maß in drei Hebungen, das den Blankvers ablöst (1369–1381). Ein eigenes Versmaß hat schließlich auch das Parzenlied IV,5 (1726 ff.). Es sind Verse, für die mit dem Auftakt Daktylen und Trochäen in zwei Hebungen bestimmend und die zugleich in Strophen gegliedert sind. Verkürzungen finden sich im Gegensatz zum Tasso sehr häufig. Sucht man über die metrische Gestaltung des Dramas im ganzen Klarheit zu gewinnen, so ist diese als Übergang von den freien Rhythmen zu einem einheitlichen Metrum zu verstehen. Während die Sprachgebung die Stileigentümlichkeiten der Geniezeit hinter sich gelassen hat – nur die zusammengesetzten Hauptworte wie Gnadenblick, Jünglingstat erinnern gelegentlich noch an diese –, läßt die metrische Form des Dramas im Gegensatz zum Tasso, der nur an wenigen Stellen Verkürzungen kennt, stärker den Übergang spüren."

(Josef Kunz: Goethes Werke, Bd. 5, S. 416 f.)

# Zur Iphigenie-Rezeption in Literaturkritik und Literaturwissenschaft

## Johann Jakob Bodmer (1698–1783)

An Chr. H. Myller

Zürich, 5. März 1782

Man hat hier ein Trauerspiel von Göthe im Manuscript, das Euripideisch sein soll, Iphigenie in Tauris. Iphigenie tritt in der ersten Skene auf, und erzählt sich selbst ihre Geschichte in einem soliloquio (Selbstgespräch). Die Personen reden in Sentenzen zur Zeit und zur Unzeit; und sie kleiden die geläufigsten Lebensregeln in Sprüche. ... Die Alten gaben uns kurze mythologische Dichtungen, die Neuern dagegen sind geistreich in metaphysischen und allegorischen Beschreibungen physischer Phenomena.

(Zit. nach: Baechtold, S. VI)

## August Wilhelm Iffland (1759–1814)

An Wolfgang Heribert von Dalberg

... ich finde nicht, was man davon sagte! Seyn sollende Griechische Simplicität, die oft in Trivialität ausartet – sonderbare Wortfügung, seltsame Wortschaffung, und statt Erhabenheit oft solche Kälte als die, womit die Ministerialrede beim Bergbau zu Ilmenau geschrieben ist.

(Zit. nach: Schiller und Goethe im Urtheile ihrer Zeitgenossen, S. 408)

## Christoph Martin Wieland (1733–1813)

Iphigenie scheint bis zur Täuschung, sogar eines mit den Griechischen Dichtern wohl bekannten Lesers, ein alt griechisches Werk zu seyn; der Zauber dieser Täuschung liegt theils in der Vorstellungsart der Personen und dem genau beobachteten Costum, theils und vornehmlich in der Sprache; der Verf. scheint sich aus dem Griechischen eine Art von Ideal ... gebildet und nach selbigem gearbeitet zu haben. ...

(Teutscher Merkur. September 1787. S. CXXIII)

## Friedrich Schiller (1759–1805)

An Goethe

Weimar, 22. Januar 1802

Da überhaupt in der Handlung selbst zu viel moralische Casuistik herrscht, so wird es wohl gethan seyn, die sittlichen Sprüche selbst und dergleichen Wechselreden etwas einzuschränken.

Das Historische und Mythische muß unangetastet bleiben, es ist ein unentbehrliches Gegengewicht des Moralischen, und was zur Phantasie spricht, darf am wenigsten vermindert werden.

Orest selbst ist das Bedenklichste im Ganzen; ohne Furien ist kein Orest, und jetzt da die Ursache seines Zustands nicht in die Sinne fällt, da sie bloß im Gemüth ist, so ist sein Zustand eine zu lange und zu einförmige Qual, ohne Gegenstand; hier ist eine von den Grenzen des alten und neuen Trauerspiels. Möchte Ihnen etwas einfallen, diesem Mangel zu begegnen, was mir freilich bei der jetzigen Öconomie des Stücks kaum möglich scheint; denn was ohne Götter und Geister daraus zu machen war, das ist schon geschehen. Auf jeden Fall aber empfehl' ich Ihnen die Orestischen Scenen zu verkürzen. ...

Es gehört nun freilich zu dem eigenen Charakter dieses Stücks, daß dasjenige, was man eigentlich Handlung nennt, hinter den Koulissen vorgeht, und das Sittliche, was im Herzen vorgeht, die Gesinnung, darin zur Handlung gemacht ist und gleichsam vor die Augen gebracht wird. Dieser Geist des Stücks muß erhalten werden, und das Sinnliche muß immer dem Sittlichen nachstehen; aber ich verlange auch nur soviel von jenem, als nöthig ist, um dieses ganz darzustellen.

(Schillers Briefe, Bd. 6)

## August Wilhelm Schlegel (1767–1845)

Man muß wohl eingestehen, daß Goethe zwar unendlich viel dramatisches aber nicht eben so viel theatralisches Talent besitzt. Ihm ist es weit mehr um die zarte Entfaltung als um rasche äußre Bewegung zu thun; selbst die milde Grazie seines harmonischen Geistes hielt ihn davon ab, die starke demagogische Wirkung zu suchen. Iphigenia auf Tauris ist zwar dem griechischen Geiste verwandter, als vielleicht irgend ein vor ihr gedichtetes Werk der Neueren, aber es ist nicht sowohl eine antike Tragödie als Widerschein derselben, Nachgesang: die gewaltsamen Katastrophen jener stehen hier nur in der Ferne als Erinnerung, und alles lößt sich leise im Innern der Gemüther auf.

(A. W. von Schlegels Vorlesungen über dramatische Kunst und Literatur. Hrsg. von Giovanni Vittorio Amoretti, Bd. 2. Bonn und Leipzig 1923, S. 298)

## Karl Leberecht Immermann (1796–1840)

Näher steht dem Alterthume Iphigenia. Aber doch nur dadurch, daß wir eine gewisse einfache Schönheit darin antreffen, bei welcher uns die antiken Schöpfungen einfallen. Die Mittel, wodurch diese Schönheit hervorgebracht wird, sind durchaus modern.

Zuvörderst muß in's Auge gefaßt werden, daß in diesem Stücke fast alle Personen innre Veränderungen erleiden. Eine solche Ummodelung ist den Alten fremd. Dann ist die Situation so unbestimmt als möglich angelegt. Iphigenia wünscht sich mit holder Sehnsucht in's Vaterhaus vom Ufer der Barbaren weg, sie weiß von den Gräueln, die Mycene beflecken, nichts, und das Hauptziel des Stücks, die Entsühnung der schwerbefleckten väterlichen Halle, die Erlösung der Reste des Geschlechts aus den Banden des alten Fluchs, tritt erst viel später hervor, wird auch im Stücke selbst nicht erreicht. Jene Expiation [= Entsühnung, G. H.] ist ein sittliches Wunder, wie die Heilung des Orest ein physisches ist. Eine bestimmte äußre Physiognomie haben beide durchaus nicht, die Wirkungen reiner Weiblichkeit sind unübertrefflich schön dargestellt, aber eben weil diese nur innerlich sind, so entzieht sich die Darstellung einer gewissen positiven Deutlichkeit, und begnügt sich, die Veränderungen, welche die Heldin an ihren Umgebungen schafft, einzeln nach und nach erscheinen zu lassen. Hier sind wir nun auf den Punkt gekommen, zu behaupten, daß auch in diesem Stücke, wie in allen neuen, die Handlung Hauptsache ist, sobald man nur den Begriff nicht ängstlich an den logischen Causal-Nexus oder an eine grobe Äußerlichkeit knüpft, sondern ihn weit faßt, und darunter alle diejenigen Veränderungen versteht, die durch das Zusammentreffen innrer Dispositionen und äußrer Anstöße sich erzeugen. Solcher Veränderungen führt der Dichter eine bedeutende Reihe auf, und bildet mithin episch. Ja, er ist so episch, daß er sich sogar die Mittel, seinem Werke eine schärfere begrenztere Gestalt zu geben, da entgehn läßt, so ganz nahe lagen. Wenn er z.B. die Gefangnen zuerst auftreten ließe, so erführen wir alle Gräuel des Agamemnonischen Hauses. Mit Iphigeniens Reden träte der Contrast zwischen der Wirklichkeit und ihrem schönen Wahn hervor, zugleich würden wir früher ahnen, daß sie unter der Schwester verstanden sey, – und daß es wohl eines so frommen Wesens bedürfe, um das Haus der Atriden zu entsühnen. Antiker wäre gewiß die Situation so angelegt. Wir wollen aber dem Dichter danken, daß er seinen Weg und nicht den der Alten gegangen ist, daß er Gesinnungen in Einklang und Zwiespalt mit äußerlichen Dingen gebracht, daraus Verwicklung und Lösung gebildet, und auf Charakter-Darstellung im Sinne der Griechen verzichtet hat.

(K. L. Immermann: Dramen und Dramaturgisches. Düsseldorf 1843, S. 89–91)

### Kuno Fischer (1824–1907)

Indessen hätte unserer Iphigenie keine Formvollendung den Ausdruck einer Heiligen verleihen können, wenn nicht ihr Charakter von Grund aus so gestimmt und gerichtet war, daß in jeder Äußerung eine Hoheit und Milde, eine stille unnahbare Fassung und eine liebevolle sanfte Theilnahme erscheinen mußte, mit der sich auch die leiseste Härte oder Schroffheit nicht mehr vertragen wollte. . . .

Der religiöse Grundzug, der sie und die Dichtung beherrscht, ist so mächtig, daß unter seiner Gewalt alle erotischen Gefühle schweigen, und auch den König in seiner Werbung nicht bestimmen, geschweige mit sich fortreißen. . . .

Die religiösen Züge unserer Dichtung lassen sich auf einen Grundzug zurückführen, aus dem sie stammen, und der dasjenige Element derselben ausmacht, welches man wohl ihren christlichen Charakter genannt hat. ...

Es ist schon gesagt, daß die Entsühnung eines schuldbeladenen Geschlechts das Grundthema unserer Dichtung ausmacht, und dieses Thema hat im höchsten Sinn eine religiöse Bedeutung. Je blinder die Leidenschaften in der Menschennatur wüthen und Schuld auf Schuld häufen, um so verstrickter sind die Menschen in ihre Übelthaten, um so weniger rührt sich ihr Gewissen. Mit der Läuterung beginnt und wächst an Tiefe das Schuldgefühl, welches der Mensch in seiner Sünden Maienblüthe nicht hat. In jedem, der eine wirkliche, ernsthafte Läuterung in sich erlebt, ist es der schon gebesserte und neue Mensch, der das Schuldgefühl trägt und leidet für den alten, noch ungebesserten und schuldigen: er leidet statt seiner oder an seiner Stelle. Eine völlig lautere und reine Seele, die keine eigene Schuld hat, fühlt und leidet die Schuld derer, welche sie liebt, von ihrem Elende befreien, von ihrer Schuld entlasten und zu einem neuen geläuterten Leben führen möchte. Wenn die anderen, die sie liebt, die ganze Menschheit sind, so besteht in diesem stellvertretenden und erlösenden Leiden die Christusthat.

(K. Fischer: Goethe-Schriften, 1. Reihe, Bd. 1. Heidelberg 2. Auflage 1890, S. 19 f. u. 45 f.)


## Wilhelm Scherer (1841–1886)

Goethe hat mit der „Iphigenie" eine neue Gattung des Schauspiels geschaffen, die man Seelendrama nennen könnte und die einer Epoche der Dichtkunst besonders wohl ansteht, worin weniger das Drama, als die Lyrik blüht und worin Deutschland, das seit der Reformation und dem Pietismus so stark nach innen gezogen wurde, seine Eigenthümlichkeit zur Geltung bringt.

(W. Scherer: Geschichte der deutschen Literatur. Berlin 10. Auflage 1905, S. 539)


## Albert Bielschowsky (1847–1902)

Iphigenie und Nathan sind unsere Hohenlieder der Humanität. Doch ist in ihrem Grundgehalt ein wichtiger Unterschied nicht zu verkennen. Im Nathan findet die zeitgenössische Auffassung der Humanität, die den Menschen unabhängig von Religion, Abstammung, Nationalität nur nach seinem inneren Werte abschätzt, ihren klassischen Ausdruck. Für Goethe war diese Anschauung Lebensatem. „Mit inniger Seele fall' ich dem Bruder um den Hals, Moses! Prophet! Evangelist! Apostel, Spinoza oder Machiavell" lautet ein jugendlich enthusiastisches Wort von ihm, das so gut dem Nathan als Motiv dienen könnte, wie der lateinische Spruch, den Lessing vorgesetzt hat. Aber das *Ideal* der Humanität bildete er höher aus. Im Nathan ist es:

alle Menschen lieben – ohne Vorurteil. Das ist ins Praktische übersetzt: allen Menschen unterschiedslos wohltun. Aber gehört zum Wohltun nicht mehr als vorurteilsfreie Liebe? Wie viele verletzen nicht in Liebe, weil sie infolge eigener Trübung die Existenz des anderen nicht rein in sich aufzunehmen imstande sind! Sie sehen und fühlen – bei aller Liebe – gar nicht die wunden Stellen, aus denen ein anderer blutet. Nur der ganz reine Mensch vermag im höchsten Sinne wohlzutun. Auf seiner reinen Seele zeichnet sich die Existenz des anderen rein ab. Er sieht seine Gebrechen in aller Klarheit und er vermag sie zu tragen, weil er selber ohne Bürde ist. Er gibt dem anderen von der eigenen Reinheit und damit den Glauben an die Reinheit, der ihn heilt und rettet. Das klingt mystisch und ist es auch, ist aber nichtsdestoweniger eine durch die Erfahrung erhärtete Tatsache. Bei ähnlichen Erscheinungen des niederen Seelenlebens pflegen wir heutzutage von Suggestion zu sprechen.

Da aber nur der *reine* Mensch fähig ist, die edelsten Einwirkungen hervorzurufen, so erweiterte sich für Goethe das Ideal der Humanität von der Duldung, Verträglichkeit, vorurteilslosen Liebe zum Streben nach reiner Menschlichkeit, für die die vorurteilslose Liebe selbstverständliche Voraussetzung ist.

(A. Bielschowsky: Goethe – Sein Leben und seine Werke, Bd. 1. München 1917, 1. Auflage 1896, S. 442f.)

## Eine Stimme aus dem Dritten Reich

Dramaturgie und Regie der Systemzeit suchten sich gegen die unliebsame Tatsache, daß die in den klassischen Werken verborgen bleibenden Wahrheiten und Werte sich doch immer wieder durchsetzen, unterstützt durch den inneren Verfall einer organischen Bühnenkunst, auf diese Weise zu helfen. Soweit die Werke der Klassiker der herrschenden Geistesrichtung nicht genügend Rechnung trugen oder ihr sogar sehr deutlich widersprachen, mußte man sie eben retuschieren. Den lebenden Dichter führte man in gleichem Falle nicht auf; hier hatte man es einfacher. Bei den Klassikern, die sich gegen ihre Regisseure nicht mehr wehren konnten, vermochte man dagegen manches durch Streichungen, durch entsprechende Akzentverteilungen im Ensemble usw. zu erreichen. Aber die Um- bzw. Entwertung der Klassiker auf viel feinere und weniger auffällige Weise war fast noch gefährlicher. So hat man Goethes „Iphigenie" mit dem gewaltigen sittlichen und religiösen Gehalt, der im Vers und in der idealen Empfindungswelt der Goetheschen Gestalten zwingend ist, durch entsprechende Sprachbehandlung, durch Akzentgebung in der Psychologie des Bühnenbildes usw. in eine durch und durch orientalisierende Auffassung umzudeuten versucht und z. B. den Tempel der Diana in einer Hamburger Aufführung zu einem im kubistischen Stil aufgebauten Baalstempel zu verschandeln verstanden.

(Zit. nach: Joseph Wulf: Theater und Film im Dritten Reich. Eine Dokumentation, S. 141)

## de Boor/Newald (1957)

Das Stück läßt einen tiefen Blick in Goethes Anthropologie tun, für die es keine reine Rechnung und kein reines Urteil gibt. Angesichts der Unerforschlichkeit des Daseins und der Widersprüchlichkeit menschlicher Verhältnisse erblickt er nur den Weg der Unterwerfung unter das Unerforschliche, der zugleich ein Weg der Liebe ist. Das wird leicht durch einen vordergründigen Humanismus mißverstanden, der den dämonischen Grund des Dramas meist übersieht. Deutlich wird es bei der Betrachtung der Zentralgestalt Iphigenie, der Tantalus entsprossenen Tochter einer gattenmörderischen Mutter, Schwester eines muttermordenden Bruders, die in barbarischer Fremde lebt. Sie läßt einen Blick auf Goethes „Theologie" zu und spricht an den entscheidenden Stellen nicht nur für sich selber. Wenn sie die Funktion des Chors in ihren großen Monologen mit übernimmt, so, weil Goethe sich die Idee nicht anders als in weiblicher Gestalt vorstellen konnte. Iphigenie ist nicht nurmehr Opfer, sondern durch ihre nichts erbittende Frömmigkeit in den Raum der Freiheit getreten. Sie vertraut – eine unerhörte, unantike Wendung – der Gnade als der schönsten Tochter des höchsten Gottes. Dieses Vertrauen durchbricht den Gang antiker Unerbittlichkeit; es ist ein Vertrauen in das eigene, liebende Herz, das nichts für sich will, aber liebend dem Bruder helfen und liebend die Götter verstehen möchte. Damit werden Erlösung und Befreiung durch die Kräfte möglich, die am Schluß des Faust wiederkehren werden.

(de Boor/Newald: Geschichte der deutschen Literatur, Bd. 6, 1. Teil, S. 332)

## Werner v. Nordheim (1961)

Bei jeder isolierten Betrachtung eines Dichtwerkes im Unterricht droht die Gefahr, daß man einer gewissen Blickbefangenheit erliegt. Besonders bedenklich ist das dann, wenn über die Gültigkeit einer dichterischen Aussage unter den Pädagogen und Literaturwissenschaftlern eine Übereinstimmung noch nicht oder nicht mehr besteht. In diesen Meinungsstreit ist seit einiger Zeit nun auch Goethes Schauspiel „Iphigenie auf Tauris" hineingezogen worden, ein Werk, das seit Jahrzehnten zum traditionellen Bestand des literarischen Schulkanons gehört. Zwar bleibt der hohe Rang dieses Dramas als Kunstwerk und als geistesgeschichtliches Dokument unbezweifelt. Bestritten wird aber vielfach, daß das humanistische Bildungsideal der deutschen Klassik, das man auch in dieser Dichtung verkörpert sieht, für unsere Gegenwart noch beispielhafte Bedeutung besitze. Und es ist keine Frage: ein *nur* „humanes" Weltverhalten vermag den Anforderungen, die unsere technisierte, versachlichte Welt an uns stellt, nicht mehr gerecht zu werden. ...

Wenn wir trotzdem daran festhalten, daß die „Iphigenie" in den Primen gelesen und besprochen werden sollte, dann aus der Überzeugung, daß diese Dichtung von der allgemeinen, begründeten Kritik am Humanitätsideal am wenigsten betroffen wird. Im Gegenteil: eine unvoreingenommene, aus dem herkömmlichen Betrachtungsschema sich lösende Interpretation wird die höchst „aktuelle" Problematik dieses Schauspiels sichtbar machen können. Denn wenn wir das Drama recht verstehen, so läuft es doch zuletzt hinaus auf den Erweis, daß sich die „humane" Persönlichkeit nur dann vollenden könne, wenn es ihr gelingt, bedingungslos und auf die ständige Gefahr des Scheiterns hin *auch* „die äußere Welt ... zu ergreifen und mit ihr *verbunden* ein Ganzes zu bilden." (Goethe, Winckelmann). Und von *dieser* Gestalt der Humanität möchten wir doch behaupten, daß sie – bei aller zugestandenen Ergänzungsbedürftigkeit – auch unserer Zeit noch Wesentliches zu sagen habe.

(W. v. Nordheim: Die Atriden-Dramen von Euripides, Hauptmann und Sartre – verglichen mit Goethes „Iphigenie", S. 162 f.)

### Klaus Gysi (1971)

Obwohl der Dichter „die Seele seines Stückes zur Seele des Volkes" machen möchte, muß er in den deutschen Verhältnissen des ausgehenden 18. Jahrhunderts bei seinen Bemühungen auf die Massen des werktätigen Volkes verzichten. Ihnen ist nicht allein durch die Bildung eines deutschen Nationaltheaters zu helfen, sondern sie bedürfen zunächst der unmittelbaren praktischen Hilfe in ihrer wirtschaftlichen Not. Von den oberen Schichten der deutschen Gesellschaft war kein Verständnis zu erhoffen.

Erst 1802 wurde die „Iphigenie auf Tauris" öffentlich aufgeführt. Zwar wurde danach das Werk des berühmten Dichters allmählich auf die Spielpläne der deutschen Bühnen gesetzt, und die besten Schauspieler bemühten sich mit Erfolg um die Rollen der Iphigenie und des Orest. Aber Goethe blickte tiefer. Am 27. März 1825 sagte er zu Eckermann: „Hier in Weimar hat man mir wohl die Ehre erzeigt, meine ‚Iphigenie' und meinen ‚Tasso' zu geben; allein wie oft? Kaum alle drei bis vier Jahre einmal. Das Publikum findet sie langweilig. ... Ich hatte wirklich einmal den Wahn, als sei es möglich ein deutsches Theater zu bilden. Ich hatte den Wahn, als könne ich selber dazu beitragen und als könne ich zu einem solchen Bau einige Grundsteine legen. Ich schrieb meine ‚Iphigenie' und meinen ‚Tasso' und dachte in kindischer Hoffnung, so würde es gehen. Allein es regte sich nicht und rührte sich nicht und blieb alles wie zuvor."

Es ist kein Zufall, daß Goethes „Iphigenie" – neben Lessings „Nathan" und Mozarts „Zauberflöte" – nach dem Zusammenbruch des faschistischen Regimes wegen ihres humanistischen Ideengehalts mit besonderer Ergriffenheit gelesen oder auf der Bühne gesehen wurde.

(K. Gysi: Klassik – Erläuterungen zur deutschen Literatur, S. 210)

# Zur Iphigenie-Rezeption auf dem Theater

## Zur Einführung

Die Uraufführung der ersten (Prosa-)Fassung am Weimarer Liebhabertheater fand am 6. April 1779 im Komödienhaus statt. Goethe selbst spielte den Orest, Herzog Karl August den Pylades, die hervorragende Schauspielerin Corona Schröter war Iphigenie und der Hofmeister von Knebel ein abgeklärter Thoas. Die wenigen überlieferten Dokumente zu dieser Aufführung vor einem kleinen kunstliebenden Publikum bekunden rege Zustimmung.

Erst volle dreizehn Jahre nach der Fertigstellung wurde am 7. Januar 1800 die Vers-Iphigenie am Wiener Burgtheater uraufgeführt. Der Anlaß dazu war die Rückkehr des Erzherzogs Palatin und seiner Gattin aus St. Petersburg. Der Kaiser selbst hatte das Stück ausgewählt und dazu den gesamten standesgemäßen Adel und die ersten Bürger eingeladen. Die Aufführung war im großen Ganzen vortrefflich, nur stellte sich das vornehme Publikum als recht unaufmerksam heraus und war hauptsächlich darauf bedacht, Schmuck und Gewänder zur Schau zu stellen. Erst bei der Wiederholung am 20. Januar fand das Stück zwar keinen stürmischen, aber doch einen allgemeinen Beifall.

Am 27. Dezember 1802 wurde das Schauspiel zum erstenmal in Berlin aufgeführt. Was der Rezensent der Wiener Uraufführung schon angedeutet hatte, daß nämlich dieses Schauspiel erheblich über dem Niveau des damaligen Bühnenangebots stand, wird jetzt ausdrücklich hervorgehoben: „Der vornehme und geringe Pöbel [ist] noch bei weitem der zahlreichste ...", so heißt es in der Berliner Kritik, „und hat nur Sinn und Gefühl für den materiellsten Stoff, ... für Empfindeleien und für sogenannte Handlung, ... wo eine Begebenheit die andere überrascht, wo ... Donner, Kanonen, Pauken und Trompeten, Waffengeklirr und Schlachtgetümmel, Märsche und Aufzüge, Kinder und Kindergeschrei wild mit einander konzertiren." (Brennus, S. 25). Daß das Publikum dennoch erschien, war nach Meinung des Kritikers zum Teil der außerordentlichen Beliebtheit der Schauspielerin Friederike Unzelmann zuzuschreiben.

Im Verlauf des 19. Jahrhunderts geriet die *Iphigenie* in Gefahr, nur in längeren Abständen als Prunkstück hervorgeholt und für wenige Wiederholungen neu aufgeputzt zu werden. Dies geschah im August 1810 nach dem Tode der Königin Luise, zum Namenstag der österreichischen Kaiserin 1819 und im Mai 1821 bei der Einweihung des neuen, von Schinkel errichteten Schauspielhauses in Berlin. Der Erfolg dieser Aufführung veranlaßte Goethe, einem Versuch an der großherzoglichen Bühne in Weimar zuzustimmen.

Wenn die *Iphigenie* bis zur heutigen Zeit tatsächlich nicht zu den häufig aufgeführten Schauspielen zählt, so liegt es wesentlich daran, daß sie wenig äußere Handlung aufweist. Als sogenanntes „Deklamationsstück" stellt es die höchsten Anforderungen an Schauspieler und Regisseur zugleich, besonders aber an die Hauptdarstellerin. So wurde Iphigenie gleichsam zur Paraderolle der großen Bühnentalente. Von Friederike Unzelmann an haben sich die größten Schauspielerinnen auf der Höhe ihrer Laufbahn immer an der Rolle versucht: Elisabeth Roose, Sophie Schröder, Fanny Ianauschek, Charlotte Wolter und Stella Hohenfels.

Die Inszenierungen der modernen Zeit sind bemüht, solche Aspekte zu ändern, die man – besonders in Bezug auf die Bühne – allgemein als Schwächen bezeichnet hat. Es geht jetzt vornehmlich darum, das Menschliche an Iphigenie hervorzukehren, das Statuarische, zu dem frühere Aufführungen in Hinblick auf die verinnerlichte „Handlung" neigten, aufzulösen und durch verschiedene Mittel der Darstellung und bühnenbildnerischen Technik Bewegung in den Ablauf zu bringen.

## Dokumente

### 1. Wiener Uraufführung 1800

Journal des Luxus und der Moden. Weimar, Februar 1800

Dienstag den 7ten Jan. 1800 sahen hier die Freunde der Kunst ein Schauspiel, desgleichen Wien seit den schönen Zeiten, wo eine Catharina *Jaquet* in der hohen Tragödie so unwiderstehlich hinriß, nicht mehr genossen hatte. ...

Der Vorhang rollte auf, und man sah ein lichtes Wäldchen; auf der Seite links im Hintergrunde Dianens Tempel, rechts eine Reihe Zypressen, durch deren einzelne Stämme sich eine Aussicht auf die Stadt Tauris und die dieselbe bespülende See darbot. Ich weiß nicht, von wem eigentlich die Anordnung der Decoration dießmal ausgieng; so viel ist gewiß, diese Verzierung von der sonst so geschickten Hand des verdienstvollen Architekten, des HofkammerMahlers *Plazzer*, schien nicht ganz so zweckmäßig zu seyn, als man wünschte. ...

Mdme *Roose* ward trotz ihrer Jugend, die, – im Vorbeygehen sey es gesagt – mit dem Alter des Herrn *Lange*, ihres weit jüngern Bruders, in keinem Verhältnisse stand, die ehrenvolle Auszeichnung zu Theil, ihr entschiedenes Talent für das Drama in der so schwierigen Rolle der Iphigenie im vollen Glanze an den Tag zu legen. ... Besonders groß zeigte sie sich in der Erzählung von Tantals Fall – von Atreus rächendem Gastmahl; in dem Monolog im 4ten Auftritte des ersten Acts; dann als Pylades ihr Trojas Fall und das Schicksal ihrer Familie erzählt; unnachahmlich schön, als Orest sich als Bruder zu erkennen giebt; im 5ten Act 3ten Auftritt im Kampf und der Ueberlegung, ob sie dem König den Anschlag ihres Bruders entdecken soll:

> hat denn zur unerhörten That der Mann
> allein das Recht?

und endlich im Abschied, den sie vom König nimmt. ...

Gleiches Lob gebührt Herrn *Lange* als Orest. Die Stellen der Erinnerung an seine schuldlosen Jugendfreuden – die Uebergänge zum Bewußtseyn des Verbrechens – dann die Erzählung des begangenen Mordes – die genaue Bezeichnung der Gränzlinien von Raserey, Wahnsinn und Betäubung – das Selbstgespräch, wo er seine Ahnherrn zu sehen wähnt, waren meisterhaft, und zeigten von dem großen Studium des Mannes, dem es um eine Meisterschöpfung seiner Kunst zu thun ist. –

Herr *Brockman* sprach den Thoas mit etwas zu viel Würde und Ruhe. Ton, Anstand und Ausdruck war eher der eines beredten zierlichen Griechen, und daher nicht so ganz im Einklange mit der Schilderung, die Arkas gleich zu Anfang von ihm macht. ...

Wenn nun den Künstlern für die musterhafte Darstellung dieses vortrefflichen Stücks alles Lob und die volle Achtung des Publikums gebührt, welche sie nach ihren Kräften zu unterhalten suchten; so hätte man glauben sollen, die auserlesenen, gesitteten und gebildeten Zuschauer würden dies sichtbar eifrige Bestreben der Darsteller mit ungetheilter Aufmerksamkeit und Theilnahme erwiedert haben. Aber man irrt sich. Der ganze gegenwärtige hohe Adel war in größter Gala. Zu Mittag hatten sie dem Hofe ihre prächtigen Equipagen, die kostbaren Gewänder, und den Reichthum an Juwelen gezeigt. Aber der Hof achtet bey seiner eignen edlen Einfachheit zu wenig des Flimmers. Dann schimmern die Steine bey Lichte auch ungleich stärker als bey Tage. Was war also natürlicher, als daß man das prächtig erleuchtete Theater zum zweiten Aushängegewölbe in Auerbachshofe auf der Leipziger Messe zu machen, und das Parterre mit der Präsentation der Familien-Geschmeide zu blenden, und so im Respecte zu halten suchte? Selbst das erhabene Beyspiel des durchlauchtigsten Kaiserpaares und der hohen Familie, welche der Vorstellung ungetheilte Aufmerksamkeit schenkten, war nicht vermögend der hier losbrechenden Ungezogenheit zu steuern. Besonders zeichneten sich die aus, welche nach dem 2. Acte, als sie ihre prächtigen Kleider und gemahlte Gesichter hinlänglich ausgestellt hatten, wieder nach Hause fuhren! – Eine Buchhändler-Spèculation muß hier nicht unerwähnt bleiben. Göthe's Iphigenie erfuhr im Auslande mehrere Auflagen; auch an hiesige Buchhändler verirrten sich einige Exemplare; aber keiner hatte den sonst kecken Muth es nachzudrucken, weil sie ihr Publicum wahrscheinlich zu genau kannten; allein bey gegenwärtiger Gelegenheit wurde denn doch in einer bewunderungswürdigen Geschwindigkeit ein Nachdruck fertig. Wie wenig davon an die Inhaber der Logen verkauft werden konnte, wird der davon jämmerlich getäuschte Nachdrucker kaum selbst eingestehen.

*

Spätere Nachrichten von der Aufführung der Iphigenie in Wien [zweite Vorstellung]
Wien den 20ten Jan. 1800
Von der ersten Vorstellung der Iphigenie auf dem kleinen Burgtheater sollte billig gar nicht die Rede seyn. Es war ein Hoffest, eine Prunkschaustellung. Der Saal funkelte von Kronleuchtern und Diamanten. Nur ein kleiner Theil des anwesenden Publikums sah und hörte etwas außer sich selbst; und da dieß *zum Theil* wirklich nicht die unterhaltenste Gesellschaft war, so ennuyirte man sich und ging.
Wegen einer Unpäßlichkeit der Mme. Roose, vordem Betty Koch, wurde die 2te Vorstellung bis gestern verschoben, die im größern Theater am Kärnther Thore gegeben wurde. Das Haus war ziemlich voll, die Logen ausgenommen. Man hat selten eine aufmerksamere Stille unter den Zuschauern bemerkt. Das Vorurtheil war gleichwohl nicht auf Iphigeniens Seite. Auch hatte der erste Versuch den Muth der *besseren* Schauspieler sehr niedergeschlagen. Ich war indeß Zeuge von der Wirkung, welche die einfache Schönheit dieses Meisterwerks in den Gemüthern einer sehr gemischten Menge hervorbrachte. Nie habe ich das Publikum in einer sanftern, in einer anmuthigern Stimmung gesehen. Der Beyfall war nicht stürmisch, aber allgemein. Nicht die Hände, das gerührte Herz gaben ihn. ... Die beyden letzten Acte giengen vortrefflich. Bey dem verwilderten Zustand unserer Bühnen sollte man von dem Schauspieler kaum so viel Sinn für das Schöne und Edle, und so viel Fähigkeit erwarten, als hier unläugbar gezeigt wurde. Es heißt auch hier: possunt, quia posse videntur. Eine große Lehre für die Direction, daß man nicht sclavisch dem Ungeschmacke und den Pöbellaunen fröhnen dürfe. Gebt uns Werke des Genies, und wir werden Schauspieler haben! –
(Zit. nach: Schiller und Goethe im Urtheile ihrer Zeitgenossen, 2. Abt., Bd. 2, S. 331–335, 336)

## 2. Die erste Berliner Aufführung 1802

Brennus. Eine Zeitschrift für das nördliche Deutschland, Berlin, Februar 1803
Das außerordentliche Zuströmen des Publikums, das nicht zur Hälfte in dem Schauspielhaus Platz finden konnte, muß allerdings hauptsächlich der Vorliebe für Madame Unzelmann zu-

geschrieben werden; aber doch schien auch ihre Wahl des Stücks, die große Erscheinung der götheschen Iphigenia auf der Bühne, Sensation gemacht, und einen bedeutenden Antheil daran zu haben. Der Erfolg hat gezeigt, daß ein großes vollendetes Kunstwerk wohl die Neugier der Menge – es ist merkwürdig, wie wenig Iphigenia bekannt war – wecken, aber ihr keinen Genuß geben kann, daß der vornehme und geringe Pöbel noch bei weitem der zahlreichste ist, und nur Sinn und Gefühl für den materiellsten Stoff, für moralische Fratzen, die das gute Herz und das Mitleid immer bar in der Hand haben, für Empfindeleien, und für sogenannte Handlung, das heißt, wo eine Begebenheit die andere überrascht, ein Zufall hinter dem andern purzelt, und Donner, Kanonen, Pauken und Trompeten, Waffengeklirr und Schlachtgetümmel, Märsche und Aufzüge, Kinder und Kindergeschrei wild mit einander konzertiren, so wie auch für alles das hat, was man interessant und was man Situationen nennt, was jedermann in allen lafontainischen und andern Romanen, in allen kotzebueschen Schauspielen hundert Mal gelesen hat, und was seinen eigenen Kreuz- und Querzügen auf Ressourcen, Bällen und Landparthien, in öffentlichen und geheimen Verhältnissen, so ähnlich ist. Mit allen, oft den grellsten Farben, muß der Sinn der Menge eingenommen, ihr Geschmack durch das Pikante gereizt, und ihr Gefühl durch einen Schwalch von Edelmuth, der das Edle noch überedelt, gewonnen werden; nur mit allem, was seltsam und neu ist, will man die Einbildungskraft und das leere Gemüth anfüllen, und mit abentheuerlichen oder kindischen Bildern spielen, schlaffe Begierden stacheln, stumpfe Sinne kitzeln und rohen Lüsten schmeicheln: und – Poesie heißt, was dies alles am stärksten bewirken kann. Nur das Außerordentliche, das heißt, was ihr außerordentlich dünkt, dieser Mann im Monde für das Kind, gaft die Menge an und bewundert sie. Für das hohe ewige Schöne, das unabhängig von allem Wahn und allen Wirbeln der Zeit, ohne Wandel bleibt, für das rein Menschliche, das eben darum der Anschauung das Göttliche ist, für das Ideale, und damit ich mit einem Wort alles sage, für Iphigenien, wie sie Göthe dichtete, haben nur wenige ein Gemüth. Diese sanft gehaltenen Charaktere, diese feinen Schattirungen, diese einfache Größe der Handlung, diese gedankenschwere Diktion, und diese liebliche Fülle und himmlische Grazie des Ganzen sind nicht für die trägen Herzen, die blöden Augen und dicken Ohren des Volks, und eben so wenig für die verzärtelten, verwöhnten und verbildeten Schwächlinge, die in unsern vornehmern, männlichen und weiblichen Zirkeln mit der Litteratur faseln. Wie ein Fremdling aus einer höhern Welt erscheint Göthe in dem Zeitalter der Mode, das bald trunken vor seinen Götzen kniet, bald wieder nüchtern geworden, ihre Bildsäulen zerschlägt; mit der ganzen Kraft seines Gemüths will er nur das Ewige, strebt nur nach Uebereinstimmung und Befriedigung in seinen Werken, blickt nur aufwärts nach seiner Würde und nach dem Gesetz, nicht niederwärts nach dem Glück und nach dem Bedürfniß, prägt sein Ideal aus in geistige Formen, und wirft es schweigend in die unendliche Zeit. Und gewiß, sie wird kommen die Zeit, wo man seine unsterblichen Werke als die köstlichen Geschenke eines höhern Geistes, dermitten in den Launen und Wirbeln der Anarchie seines Zeitalters ohne Manier blieb, und in selbständiger Schönheit erschien, mit harmonischem Gemeinsinn und andächtiger Stimmung des Gemüths aufnehmen und bewahren wird; denn die Freiheit der Kunstbildung, diese nothwendige Bedingung, um zum Ziel des Schönen gemeinschaftlich zu gelangen, ist gegeben, und kann nicht wieder genommen werden. – Ich sage nichts von den Ausstellungen, die ganz neuerlich gegen Iphigenia als Drama und gegen die Haltung einzelner Charaktere gemacht sind; die plumpen Mißgriffe verurtheilen sich von selbst, und wozu überhaupt die Apologie eines solchen Werks gegen irgend einen Angriff? ich mögte auch mit der gelungensten zur Ehre meiner Mitwelt nicht auf die Nachwelt kommen.
(Zit. nach: Schiller und Goethe im Urtheile ihrer Zeitgenossen, 2. Abtl, Bd. 3, S. 25 f.)

## 3. Lindemann-Inszenierung, Düsseldorf 1913

Heinz Kindermann: Theatergeschichte Europas, Bd. 8, S. 748 f.

Szenenbild und Darstellerführung waren auf Reliefwirkung gestellt. ... Durch Beleuchtungseffekte, die die Gestalten stärker von hinten als von vorne anstrahlten, wurde „starke Plastizität" erreicht. „Wie im Dekorativen, so erstrebten auch Gebärde und Bewegung der Darsteller ästhetische Bildwirkungen. Das Spiel ist ganz in den Vordergrund gezogen und entwickelt sich flächenhaft, d. h. die Gänge sind vorwiegend nach rechts und links arrangiert, so daß dem Zuschauer meistens das Profil der Darsteller zugekehrt ist. Die geringe Höhe des Bühnenausschnittes läßt nicht nur die Gestalten monumental erscheinen, sondern ‚überhöht‘ auch die Bewegung und Geste. Da der Bewegungsrhythmus entsprechend dem der Sprache verläuft, ergibt sich vom Tempo her eine gewisse Lebhaftigkeit, die zwar im Rahmen des Schönen bleibt, aber verhindert, daß die runde ‚plastische‘ Ausformung des Gestischen zum bloßen ‚Feierlichen‘ erstarrt.“ Die Sprachdiktion wurde bei aller rhythmischen Gestaltung sehr schlicht gehalten. Das Lebendig-Menschliche galt als Ziel – auch im Überhöhten des Spielstils. Louise Dumont wurde als Iphigenie vielfach mit Anselm Feuerbachs Farbgebungen und Bildwirkungen verglichen: ‚violett gewandet, Lorbeer im dunklen Haar‘, war sie nicht die ‚Priesterin voll unendlicher Zartheit der Empfindung‘; sie war auch nicht die heroisierte Göttertochter der traditionellen Auffassung, sondern sie „betonte mehr das rein Menschliche der Iphigenie, statt das beinahe Göttliche, ließ ihren Gefühlen mehr freien Lauf, als es diese erhabene Priesterin der Diana tun darf“.

## 4. Aufführung des Württembergischen Staatstheaters (Kammertheater Stuttgart) 1947

Stuttgarter Zeitung Nr. 75/1947 (ker.)

Der Gedanke der Humanität, die edelste Blüte des 18. Jahrhunderts, hat wohl in keiner zweiten deutschen Dichtung so reinen und hehren Ausdruck gefunden wie in Goethes ‚Iphigenia auf Tauris‘. Dieses Schauspiel ist das gegebene Stück in unserer Zeit, in der, als Reaktion auf unmenschliche Taten, die Humanität wieder zum höchsten Wert im Bereiche des Sittlichen geworden ist.

Die Inszenierung hatte Paul *Riedy*. Er weicht ab von der statuarischen Strenge, die alles innere Erleben nur im Wort auszudrücken versucht und damit von jener Auffassung des Klassischen, die hauptsächlich auf die Bühne des 17. und 18. Jahrhunderts zurückgeht. Riedy sucht diese Form aufzulösen und aus dem inneren Erleben der Bühnengestalten möglichst viel sichtbar zu machen, ohne daß dabei das Wort vernachlässigt würde, das immer das Primäre bleiben muß. Da die ‚Iphigenie‘ genug innere Dynamik besitzt, müssen die gewaltigen seelischen Erschütterungen der Iphigenie, des Orest und des Thoas die Grundlage einer äußeren Dynamik bilden. Sie zur Entfaltung zu bringen, ohne den klassischen Rahmen zu sprengen, ist eine dankbare Aufgabe für einen Regisseur.

Ein solcher Gedanke scheint Riedy vorgeschwebt zu haben, und er hat wohl auch das Bühnenbild von Max *Fritsche* bestimmt. Der Tempel der Diana ist ganz auf die Seite gerückt, und die Bühne ist in der Hauptsache ausgefüllt mit den Stufen, die zum Tempeleingang emporführen. Die Bäume des vorgeschriebenen Hains sind zu denken, dagegen ist der Blick auf das Meer und den felsigen Strand dem Auge freigegeben. Die Tempelstufen bieten den Darstellern reiche Möglichkeiten, ihre Körperlichkeit plastisch zur Erscheinung zu bringen. . . .

## 5. Aufführung im Deutschen Schauspielhaus in Hamburg 1950

P. Th. Hoffmann: Goethes Iphigenie wiederum nach 50 Jahren

„Alle menschlichen Gebrechen sühnet reine Menschlichkeit“ war das Motto, das der Dichter dem vollendeten Drama auf den Weg gegeben hat. In diesem Sinn wählten im Jahre 1900 Alfred von

Berger und seine Mitarbeiter das Schauspiel als festliche Eröffnungsvorstellung für das neu erbaute Haus, mit dem Hamburg eine neue Pflegestätte echter, ernster Bühnenkunst erhalten sollte. ...

Mit innerer Wahrhaftigkeit und lauterer Humanität, zugleich mit klassisch hohem Ernst wollte man um die Jahrhundertwende den neuen Musentempel Hamburgs weihen, auf daß er ein Bollwerk im Ansturm der Zeiten werden und bleiben möge, die noch unbekannt und ungewiß vor den damaligen Hamburgern lagen. Berger sprach in dem von einem glanzvollen Publikum besetzten, frisch in Rot, Weiß und Gold erstrahlenden Zuschauerraum einen selbstgedichteten Prolog. Er feierte die Vollendung des neuen Hauses als eine Tat des kunstliebenden Hamburger Kaufmanns und Reeders. Ein gesichertes, fortschrittliches Volk erschien als Kraftkern der alten Hansestadt, und in der demokratischen Verfassung, die sich Hamburg seit langem gegeben, durfte man hoffen, daß die Schauspielkunst künftig hier immer intensiver vom Geist der Volksbühnenbewegung einen Hauch spüren würde. In Bergers festliche Worte aber klang schon ernst das Ahnen nahender Verhängnisse hinein: „Ein Bangen geht durch die Völker, als ob Einlaß fordernd ein unbekanntes, ungeheures Schicksal mit dumpfen Schlägen an die Pforte pochte."

Es wurde also aus einer dumpfen Sorge, aus einer Bedrückung, die unbewußt mitspielten, auf den Brettern, die die Welt bedeuten, die Goethesche „Iphigenie" aufgerufen. Spürte man in der Wiedergabe des hohen Werkes etwas von der Belastung des Zeitgeistes? ... Konnten die Hörer um 1900 ahnen, was uns heute die Botschaft der Iphigenie Goethes und ihrer Menschlichkeit bedeutet?

Es wirkt geradezu wie ein Symbol, daß im Jahre 1925 das Deutsche Schauspielhaus als Abschlußvorstellung der Spielzeit am 2. Juni abermals Goethes „Iphigenie" herausbrachte und zwar diesmal ausschließlich für die Mitglieder der „Volksbühne". Die Zeiten hatten sich gründlich gewandelt. Statt des Kaiserreiches bestand die Weimarer Republik. Der erste Weltkrieg und die Not der Inflationsjahre lagen gerade hinter uns. Für das Theater Hamburgs war die „Volksbühne" ein lebenswichtiger Faktor und wesentlicher Träger des Theaterpublikums geworden, das innerlich manche völlig andere Voraussetzungen zur Aufnahme der Goetheschen Humanitätsbotschaft mitbrachte. ...

Abermals sind 25 Jahre vergangen, und wieder wirkt es symbolhaft, daß die maßgebenden Männer der Stadt die „Iphigenie" als Festvorstellung zum fünfzigjährigen Bestehen des Instituts gewählt haben. Inzwischen haben Zeiten und Völker sich wiederum, diesmal fast unvorstellbar, verändert. Ungewisser denn je liegt die Zukunft vor uns allen. Verglichen mit den Bergerschen Besorgnissen sind sie freilich übergewaltig geworden. Aber der Ewigkeitswert des Goetheschen Dramas zeichnet sich nur um so leuchtender ab. ...

(Volksbühne Nr. 1/1950, S. 2 f.)


## 6. „Iphigenie" in Berlin (Deutsches Theater) und Dresden 1963

### Gerhard Piens: Schwierigkeiten eines nicht realistischen Dramas

„Iphigenie auf Tauris" – mag das Werk auch immer seinen Ursprung haben in Anschauung der Welt, Auseinandersetzung mit der Welt, in Auseinandersetzung mit dem Erlebten nicht nur, sondern auch mit dem eigenen Leben, es hat sich, indem es geschrieben wurde und ruhte und neugeschrieben wurde, des realen Stoffs beinahe ganz entledigt und ist poetischer Ausdruck einer erhabenen Idee geworden.

Das Schauspiel nun aber gelesen, wie es geschrieben ist, müßten die Person des Dichters und seine eigenen Wirren und ihr Abbild im Werk dahingestellt bleiben, also auch seine Meinung, Inhalt und Absicht der Dichtung seien die Entsühnung Orests, die Läuterung des friedlos Unfertigen, schuldvoll Umhergetriebenen. Dann wäre der Idee nachzugehen, die aus den

Äußerungen, Anschauungen, Absichten, Kämpfen der Personen sich rein erhebt. Wie die Vorgänge sich unter ihr ordnen und wie und welche Gegensätze durch sie harmonisch sich ausgleichen, bestimmen dann Struktur, Rhythmus und Ziel der Inszenierung. Solche Aufführung ließe die Idee der Menschlichkeit aus den Vorgängen hervortreten, den großen klassischen Gedanken der Humanität und Harmonie, uns näher gerückt als Goethes Zeitgenossen und faßbarer unserem Theater als sonst einem während der Bühnengeschichte des Stücks.

Dabei entstehen merkwürdige Schwierigkeiten. Für die Zuschauer ist ein Drama wirkungsvoll zu machen, dessen Fabel im vierten Akt beginnt, dessen drei erste Akte nur Exposition enthalten. Ein Schauspiel ohne Schaubares. Ein Drama, das kaum „Handlungen" besitzt und fast nur nebensächliche. Ein Ideendrama meinetwegen. Eine Dichtung, deren reine Verse die Vorgänge von der Realität sehr abgehoben haben, in deren reinen Versen eine ursprünglich angeschaute und gar nicht nur privat durchlittene Realität zum gedanklichen Inhalt sehr abstrahiert wurde, so sehr beides, daß sie mehr sind als formale Schönheit, schönes Kleid der Gedanken, Bedingung für deren Gültigkeit nämlich und Träger selbst der Ideen. ...

Richtig scheint mir der Schluß im Deutschen Theater. Er ist sparsam, von strenger Sachlichkeit und gerade dadurch auch emotional erregend. Thoas hört, und fühlt sich mehr und mehr angesprochen, Iphigeniens Worten zu, hat, nachdem sie geendet, eine große Pause der Überlegung, kehrt sich zu den Geschwistern und sagt, ihnen die Hand reichend, herzlich und ganz unsentimental sein: „Lebt wohl!" Über dieser Stellung verlischt das Licht.

... In Dresden versucht Gerhard Winterlich, die Personen und ihre Beziehungen, die in einem Prozeß weitführender künstlerischer Abstraktion entstanden, zu vermenschlichen; so wird das Menschliche abstrakt. Winterlich läßt die Vorgänge in viele einzelne Handlungen auflösen; so werden die Vorgänge deklamiert. Die ideelle Auseinandersetzung soll offenbar auf natürliche Beziehungen zurückgeführt werden; so wird sie unkonkret. In die allgemein-naturalistischen Abläufe mischt sich leeres Pathos, ein irrlichternder Rest der großen Gedanken und der schönen Sprache. Mischung von abstraktem Pathos und Naturalismus ist auch Jochen Hasselwanders Bühnenbild. Freundlich die Kostüme und Masken der Griechen, finster die der Skythen: anscheinend den Gegensatz von Gesittung und Barbarei im Ethnologischen suchend. Das findet seine Fortsetzung in den Figuren. ...

Plan, Mittel und Stil der Inszenierung wählend, entschied sich in Berlin Wolfgang Langhoff für Inhalt und Stil des Dichtwerks. Das kennzeichnende Wort für diese Regiearbeit heißt Werktreue; es schließt tiefe Anerkennung ein. ...

Langhoff bemüht sich, die Idee der Menschlichkeit, auf die er sich verläßt, in siegreicher Schönheit erklingen zu lassen, er läßt sie tatsächlich aus den Vorgängen der beiden letzten Akte triumphierend hervortreten, er hält sich und die Schauspieler drei Akte lang streng an die Darlegung der Exposition, nimmt dabei das Risiko auf sich, mögliche Wirkungen nicht zuzulassen, damit nicht Einzelwirkungen die folgerichtig sich ausbreitende Entwicklung stören. Langhoff sieht den allgemeinmenschlichen Charakter der Dichtung, diesen läßt er Gestalt gewinnen; da werden die Personen und ihre Verhältnisse auf einmal menschlich, manchmal fast zeitgenössisch. Er läßt die Vorgänge vortragen, so gewinnen sie Leben. Er läßt Verse sprechen, da greifen uns die Gedanken an.

Heinrich Kilgers Bühnenraum, ohne irgendwelches Zugeständnis an die Illusion, ist diesem Stil ganz und gar kongruent: eine große graue Schräge, geometrisch gegliedert, aus dem Bühnenraum weit nach vorn übergreifend, darauf drei Bänke, dahinter ein grauer, rauher Prospekt, ein Raum für die Schauspieler, die Örtlichkeit und Atmosphäre schafft mühelos die Phantasie, ein heller Raum, aber alles Licht liegt auf den Personen. Die Skythen in Gewändern von barbarischer Farbigkeit, weit und starr, die Griechen in hellen Grautönen, bärtig, kämpfende, irrende Menschen aus einer frühen Zeit. Zwischen ihnen Iphigenie in schwerem weißem Chiton, der kleidet sie in Erstarrung, Würde, Weichheit, Bewegung, wie es die Schauspielerin braucht. ...

Läßt diese Aufführung auch etliche Differenzen zwischen ihrer Anlage und Ausführung, so zeigt sich doch, anders als die Dresdner, wie das realistische Theater unserer Zeit die Schwierigkeiten eines idealistischen Schauspiels in künstlerische Leistung aufheben kann, und im wesentlichen ist das in ihr auch gelungen.

(Theater der Zeit, Heft 21, 1963, S. 10–12)


## 7. Aufführung in Darmstadt 1966

### Georg Hensel: Iphigenie im Op-Oval

Erstaunlich modern und ungriechisch - dies ist der erste Gedanke beim Anblick der Bühne. Keine Schatten, keine regen Wipfel, kein alter, heil'ger, dichtbelaubter Hain, nicht einmal ein „Heraus" – denn Iphigenie, von links aus dem unsichtbaren Tempel kommend, tritt „hinein": in ein die Bühne ausfüllendes Gebilde, in eine gewaltige Röhre. Ihre Wände bestehen rechts aus zwei, links aus drei Streifen, die sich hoch über Iphigenie schließen: Himmel und Erde aus einem zusammengewölbten Guß; ein göttlicher Ort der Gefangenschaft, an dem der Mensch auf sich allein angewiesen ist.

Als sei es ihr peinlich, hier von Hain und Heiligtum zu sprechen, sprudelt Iphigenie ihre ersten Verse rasch heraus – sie sind in den Bühnenhintergrund gerichtet, ans Ende dieser gigantischen Höhle: hinaus, wo man so etwas wie Hain und Heiligtum vermuten könnte, wenn auch nicht ohne Mühe. Doch wie gewichtig plötzlich wird hier ihre Klage über die „Sklavenbande", über den „stillen Widerstand", mit dem sie der Göttin dient, und wie zutreffend und hart das Ende ihres Gebets: „Rette mich ... von dem Leben hier, dem zweiten Tod". Der Schweizer Ruodi Barth (Jahrgang 1921), der in die Spitzengruppe der modernen Bühnenbildner gehört (das muß so simpel einmal gesagt werden), hat – wie so oft schon – eine über den Stil der gesamten Aufführung entscheidende Bühne gebaut. Hier den Ort des zweiten Todes; eine Gruft, die verlassen werden will.

Überdies stellt der stark aufgewölbte Bühnenboden die Partner eines Dialogs immer auf verschiedene Höhen, und wenn sie, gehend, ihre Positionen ändern, so ist dies zugleich eine vertikale Änderung: einer blickt stets ein wenig auf den andern herab, es sei denn, er sei zwar oben, liege dort aber. Gerhard F. Hering, der Regisseur, nutzt alle Varianten, die hier möglich sind, und entwickelt aus der jeweiligen inneren Beziehung der Personen das mit den Augen faßbare Bild. So bringen Bühnenbild und Regie in das statische Schauspiel einen Bewegungsfluß, der einer inneren Bewegung entspricht – dies in einem liegenden Op-Art-Oval, erstaunlich modern und ungriechisch. „So erstaunlich modern und ungriechisch, daß man nicht begriff, wie es möglich war, sie jemals einem griechischen Stück zu vergleichen" so sah Schiller die „Iphigenie", als er Ende Januar 1802 vor der Aufgabe stand, Goethes Schauspiel in Weimar zu inszenieren. Goethe hat die griechische Mechanik der Entsühnung Orests durch den Raub eines Kultbildes beseitigt und die Heilung von den Erinnyen ins Seelische verlegt: Göttereingriffe sind bei ihm nicht erforderlich, denn die Götter – so Iphigenie – „reden nur durch unser Herz zu uns". Wodurch wird Thoas geheilt, wird Thoas, dieser „Barbar", dazu gebracht, daß er am End' gar kein Barbar ist? Nur durch Wahrheit und Vertrauen? Wenn dem so wäre, dann hätte Schiller recht, als er über die „Iphigenie" weiterklagte: „Sie ist ganz nur sittlich; aber die sinnliche Kraft, das Leben, die Bewegung und alles, was ein Werk zu einem dramatischen spezifiert, geht ihr sehr ab." Vor lauter Sittlichkeit, auf die er ja spezialisiert war, konnte Schiller die sinnliche Kraft, das Leben, in Goethes Schauspiel nicht entdecken. Ungriechisch war Goethe und moderner, als es Schiller sehen konnte, auch darin: Nicht eine abstrakte Humanität führt in der „Iphigenie" die Entscheidungen herbei, sondern das untrügliche Gefühl, das „Herz", das bei Goethe der Wohnort Gottes ist.

Als sprächen die Herzen selber, so läßt Hering Vers für Vers sprechen (und er hat nicht einen gestrichen): zögernd, mit einer Deutlichkeit, die sich das Gefühl verschafft, um sich artikulieren zu können. . . .

So kann hier Iphigenie keine Heroine mehr sein, nicht die hoheitsvolle Priesterin, sondern ist das junge heimwehkranke Mädchen, das der Göttin eben nur „mit stillem Widerwillen" dient. Witta Pohl geht bis zum mädchenhaften Verdruß, ja Überdruß, wenn Arkas ihr des Königs Thoas neue Werbung ankündigt – ein Iphigenerl fast, das höchst unlustig ist, den sympathischen älteren Herrn mit seinen ewigen Heiratsanträgen abermals abweisen zu müssen. Wenn sie sich dazu entschließt, Thoas nicht zu betrügen, so wirkt sie wie eines jener zarten doch unzerbrechlichen Mädchen Anouilhs, die lieber sterben als den Schmutz der Welt akzeptieren. Witta Pohl ist eine Tochter der Atriden auch, zur Kühnheit fähig, wenn sie Thoas die Wahrheit sagt: sie ist sich des Risikos so bewußt wie des Druckes, den sie auf ihn ausübt – gebraucht ihr Vertrauen und seine Liebe wie eine Waffe.

Diese Iphigenie ist Verführung zum Leben für ihren Bruder, für Orest: Karl-Albert Bock spielt keinen „Wahn", nicht den bis zum gestikulierenden Irrsinn von den Erinnyen Gehetzten – seine Krankheit ist die Sucht zum Tode, ist das Leiden am Leben, das ihn zum Muttermord getrieben hat und das den von weither kommenden Menschen von weither schuldlos schuldig werden läßt. . . .

Ein „Barbar" ist Anfried Krämers Thoas nur aus der Sicht der Griechen. Über die Menschenopfer ist er längst hinweg, und wenn er sie wieder befiehlt, so befiehlt sie der Mann, der in seiner Liebe zu Iphigenie tief beleidigt ist: vernichtender Zorn aus einer Zärtlichkeit, die sich betrogen glaubt. Das „Sittliche", zu dem sich dieser Thoas entschließt, wo bliebe es, käme ihm das „Sinnliche" nicht zur Hilfe? Schlicht ausgedrückt: dieser Thoas läßt Iphigenie laufen, weil er sie liebt. Krämer setzt den Schlußstein in die makellos dramaturgische Architektur dieser Aufführung: wohl fähig, Iphigenie zum Abschied anzublicken, „Leb wohl" zu sagen, doch unfähig, ihren Wunsch zu erfüllen und ihr die Hand zu reichen, eine Statue des Schmerzes, die – als die Griechen gegangen sind – nach einer sehr langen, hochgespannten Weile zusammenbricht: der verlassene Liebende, der aus Liebe auf die Geliebte verzichtet hat; der einsamste Mann der Welt.

Ungriechisch und modern – Hering hat das große Thema in der „Iphigenie" freigelegt: den Sieg der Lebenskräfte über die Verzweiflung am Leben. Das Drama des „Sittlichen" ist in dieser Inszenierung ein sinnlich erfaßbares Drama konkreter einfacher Gefühle. Die Humanität als Nebenprodukt der Liebe – ein für Schiller nicht einsehbarer, ein skeptischer, sehr realistischer, „moderner" Zug bei Goethe.

(Theater heute, Heft 10, 1966, S. 33 f.)


## 8. Aufführung in München 1966

### Joachim Kaiser: Ein religiöses Stück

. . . Gebildete Kunstfreunde entdecken eigentlich in jeder „Iphigenien"-Aufführung zwei „Schwächen", die sie, weil sie eben gebildet sind, nicht recht ernst nehmen und eingestehen mögen. Man wundert sich erstens über die Blitzheilung des Orest, zweitens über den plötzlichen Großmut des Thoas, und drittens über das nicht hinreichend begründete Gott- und Weltvertrauen der Heldin selbst. Je mehr eine Aufführung diese Verhaltensweisen entschärft – das heißt vermenschlicht, plausibel und verständlich macht – desto besser erscheint sie, zumal wenn es dem Regisseur gelingt, diese Wertskepsis mit schöner Sprache zu kombinieren. Die Wahrheit der tragédie classique, selbst des relativ aufgeklärten Typus der tragédie classique, wie wir ihn in Goethes Dramen vor uns haben, sieht nun aber anspruchsvoller und primitiver aus. Die Hierarchie der großen Werte ist gegeben. Zwischen der Seele des Einzelnen und dem Wertkosmos besteht eine zwar der Anfechtung ausgesetzte, aber doch direkte „zeitlose" Beziehung.

Das Gerede von der „praestabilierten Harmonie" war eben im 18. Jahrhundert nicht Gerede. Aus alledem ergibt sich, daß der einzelne Mensch imstande ist, sich dem von ihm geglaubten Wert oder der von ihm für wahr gehaltenen und überdies wahrhaftig existierenden Größe direkt anheimzugeben. Die Übereinstimmung zwischen dem Menschen und der Schöpfung vollzieht sich „transpsychologisch". Iphigenie kommt gerade nicht auf dem Wege psychologischer Deduktion dazu, dem Oberen Leitenden zu vertrauen. Der Heilschlaf (Orests, Egmonts, Fausts) ist ein Schlaf ohne Traumpsychologie, eher einer Heimkehr ähnlich. ...

Die instinktive Erwartung eines Theaterzuschauers, daß psychologisch erklärt werde, was sich den Helden des Dramas auf transpsychologischem Wege offenbart, führt zu unseligen Aufführungsmißverständnissen. Iphigenies Humanität besteht nicht, wie alle Welt glaubt und behauptet darin, daß sie ihre Menschlichkeit und ihr Vertrauen in die Güte der Götter mühsam erst schafft, sondern vielmehr darin, daß sie die hohe Kraft hat, sich diesen Gegebenheiten allem Widerspruch, aller Vernunft zum Trotz zu unterwerfen. Ihre seelische Leistung ist darum nicht minder groß, vielleicht noch größer: aber es ist keine psychologische Leistung. Wer in die „Iphigenie" geht, als sähe er ein realistisches Stück, das mehr oder weniger zufällig in Versen verfaßt ist, und wo die Leute ständig vertrauen, ohne recht beweisen zu können, warum, der wird nur in grundfalschen Aufführungen auf seine Kosten kommen. In Aufführungen nämlich, die genau so wenig vertrauen und darum Eselsbrücken bauen, statt die viel schwierigeren Aufgaben zu bewältigen, Gegebenheiten und Ferne eines Wertekosmos darzustellen, dem die Seele sich in direkter Umschaltung einfügen kann.

Wie sieht nun die Welt dieses Dramas aus? Leergefegt ist die Bühne von allem, was sie sonst erfüllt. Realitäten kommen nicht vor. Und selbst der „Hain vor Dianens Tempel", der fünf Akten ein Bühnenbild bieten soll, gewinnt kaum Wirklichkeit. Rasch verklingt das Wipfelrauschen, von dem ganz zuerst die Rede ist. Dinge dürfen nicht hinein in den heiligen Bezirk, der die Existenz eines Oberen Leitenden symbolisiert. Was unrealistische Verharmlosung scheint, ist in Wahrheit Radikalisierung: auf dem Spiel steht nicht weniger als die Frage, ob man den Göttern vertrauen soll. Die „Iphigenie" ist ein religiöses Stück. Aber es sind nicht die Götter, die da Schicksale verhängen oder verhindern. Sondern eine junge Frau macht ihnen den Prozeß. Der „prozessuale Dialog" (Walter Benjamin) will herausfinden, ob die Götter denen beistehen, die es wagen, sich ihnen auszuliefern. Im Augenblick höchster Not verlangt die Priesterin: „Rettet euer Bild in meiner Seele!" Das Ausrufungszeichen stammt von Goethe.

Auch Iphigenie lügt, nennt sich dann allerdings „Nicht Priesterin! nur Agamemnons Tochter". Auch sie ist der hochmütigen Anspannung, nicht nur das eigene Leben, sondern auch das des Gefährten aufs lebensgefährliche Spiel setzen zu müssen, nicht ganz gewachsen und wird in ihrem Gott-Vertrauen irre. Das sind die großen Zusammenhänge. Darunter, gewissermaßen subkutan, ist Iphigenie auch eine egoistische Frau, die alles erreichen und mit allen in Frieden leben und nichts gewähren will, ist Thoas ein König, der Barbarisches (über das er hinaus sein müßte) als taktische Waffe einsetzt. Der Problemzusammenhang dieses angeblichen „Festspiels reiner Menschlichkeit" wird überwölbt, wird ästhetisch glaubhaft gemacht durch Sprache. Goethes Sprache leistet zweierlei: sie hat die Kraft, Allereinfachstem, also Allerschwerstem sich zu stellen. ...

Helmut Henrichs' Münchner Inszenierung kam einer vorsichtigen Erkundung gleich. Henrichs, der wohl am besten bei den Rea- beziehungsweise Naturalisten zu Hause ist, zog sich nicht in das Dickicht schützender Requisiten zurück. Er erprobte vielmehr, wieviel Sprachaffekt zulässig sei, hielt seine Schauspieler oft zu einer Art Denk-Flüstern an, aus dem heraus ein leicht skandiertes Mezzo-Forte dann schon die relativen Höhepunkte bezeichnete. ...

Im Augenblick kommt, wir wollen uns darüber freuen, die deutsche „klassische Dichtung" wieder in ein wirkliches Gespräch. Jüngst hat Enzensberger in der „Zeit" mitgeteilt, was ihn an Schillers „Glocke" ärgert; ein paar Monate vorher teilte Martin Walser den auf dem Essener Germanistentag anwesenden Philologen mit, inwiefern man sich etwas vormachte, wenn man die allgemeingültigen Mitteilungen der Iphigenie so wiederholt, als ob sie wiederholbar seien. ...

Hier soll nun nicht die Frage entschieden werden, ob die von großer Sprache beglaubigte Utopie nicht genauso zum gegenwärtigen Bewußtsein gehören müßte wie die Realitätserfahrungen unseres Jahrhunderts. Bühnen und Philologen jedenfalls, die den klassischen Bestand kampflos verfallen lassen (kein Musiker käme auf die Idee, sich vor dem „Figaro" oder der Apassionata zu drücken), geben den Kritikern Recht. Eine krampfhafte Aktualisierung klassischer Texte hat auch wenig Sinn. Anders als mit Bescheidenheit und abwägender Versenkung läßt sich nicht ausprobieren, wie wir vor „Iphigenie" und „Tasso" bestehen. Henrichs' „Iphigenien"-Aufführung war gewiß kein triumphales Theaterereignis, aber nach jahrelanger Unentschlossenheit ein akzeptabler Anfang.

(Theater heute, Heft 12, 1966, S. 36–39)

## 9. Aufführung am Schauspielhaus Leipzig 1968

### Ingeborg Pietzsch: Entscheidung zur Selbstverwirklichung

Die klassische Ruhe schönen Ebenmaßes in der „Iphigenie" wird aufgebrochen durch die großen „inneren" Kämpfe der Figuren: Denkstrukturen werden dargelegt, verworfen, überwunden, Bewährungen werden abverlangt und erreicht, die Verantwortung des Menschen, seine sittliche Entscheidung gegenüber den Mitmenschen und sich selbst wird gefordert. Fordernd die Einheit innerer und äußerer Harmonie, stößt Iphigenie, indem sie zur praktischen Bewährung humanistischer Entscheidung vordringt, auf die Vermenschlichung des Menschen – ohne göttlichen Ratschluß: Der Maßstab sittlichen Verhaltens ruht in den Menschen selbst. Karl Kaysers Inszenierung der Goetheschen „Iphigenie" läßt diese Erkenntnis deutlich als Gipfelpunkt menschlichen Ringens um Bewährung für den Zuschauer lebendig werden. ...

In der Leipziger Inszenierung gestaltet Christa Gottschalk sehr klar die Wirrnisse der Iphigenie, in die sie durch Thoas' Entscheidung gestürzt wird. Sie vertraut ihm die Geschichte ihres Ahnengeschlechts zögernd an, gestaltet sie aus der Bedrängnis ihrer Situation. Sie sitzt fern von Thoas, von ihm abgewandt, die Arme über der Brust gekreuzt, wenn sie die Geschicke der Tantaliden preisgibt, sich quält, gequält wird von den grausigen Schilderungen: Es ist ihr Leid, ihre Geschichte. Indem die Schauspielerin so sichtbar den Schmerz der Iphigenie darüber verdeutlicht, verdeutlicht sie zugleich den Wunsch nach Veränderung, nach Entsühnung.

Leider ist Erich Gerberding als Thoas ihr in dieser Szene kein ebenbürtiger Partner: Zu vordergründig wirkt in seiner Gestaltung das „Barbarische", der Zug zur Unterwerfung, zur absoluten Durchsetzung seines Willens. ... Dieser Thoas sieht sich nur in seiner männlichen Ehre gekränkt, wenn Iphigenie seiner Werbung ausweicht, er reagiert darauf mit Jähzorn und Heftigkeit – hier geschieht aber mehr: Ein erhofftes Ideal zerfällt in Schutt und Asche. Und es passiert mehr, als daß ein Herrscher die abgewiesene Kränkung endlich überwindet. Er gewinnt schließlich die Einsicht seiner Menschlichkeit, er besinnt sich auf die eigene sittliche Kraft, die imstande ist, für ein ganzes Volk Glück zu bringen: Das Glück der Selbstbefreiung. ...

Orests Erlösung und Entsühnung birgt für Iphigenie die Rechtfertigung ihres Aufenthaltes auf Tauris. Ihre Aufgabe scheint ihr beendet – die große Freude über das Wiederfinden, die Christa Gottschalk glückstrahlend, überströmend verdeutlicht, legitimiert auch zunächst die Taktik des Pylades. Nach der Begegnung mit Arkas zweifelt sie an der Berechtigung von Pylades' Haltung. ... Unvereinbar erscheint ihr ihre individuell-humanistische Verantwortung mit der gesellschaftlich-humanistischen. Ihr Konflikt läßt sie an den Göttern zweifeln. So wird das Parzenlied – von Christa Gottschalk sehr hart, deutlich als Zitat gesprochen – sichtbar als Ausdruck des Aufbegehrens gegen die Götter. Fatalismus wird als Vergangenes erkennbar – die Besinnung auf die eigene Entscheidung wird provoziert. ...

„Die außerordentliche Tat Iphigenies ist ... durch ihre praktische Wirksamkeit vorbereitet, durch die konkreten Umstände ermöglicht, durch ihr eigenes Vorbild begründet. Sie vertritt die hohen Prinzipien menschlichen Handelns, wie sie sich im Verlaufe der Menschheitsgeschichte als Ideale zeigen und heute in der Überzeugungskraft vorbildlicher Praxis, einem streitbaren Humanismus ... äußern ... Der Stoff birgt zweifellos die tragische Möglichkeit des Scheitern von Iphigenies Überzeugungstat in sich. Goethe entschied sich jedoch für eine ideale Lösung, um damit auf ethische Maßstäbe für zukünftiges humanistisches Handeln zu orientieren. Diese prognostische Haltung macht sein Werk heutig." (Rohmer)

Das „innere Leben" der Goetheschen „Iphigenie" wurde „hervorgekehrt": In der Leipziger Aufführung wird das Bekenntnis zur tätigen Menschlichkeit gezeigt. Steht für Iphigenie zu Beginn des Stückes die Frage nach der individuell-humanistischen Bewährung (die sie auf die Geschicke ihrer Familie bezieht) im Vordergrund, so erkennt sie im Verlauf der Geschichte, daß ihre Aufgabe über diesen engen Rahmen hinauswächst. Sie verknüpft aufs glücklichste den individuellen mit dem gesellschaftlichen Auftrag; Thoas' Haltung ändernd, verändert sie sich, verändert die Haltung von Pylades, Orest, Arkas.

Die Menschlichkeit wird erreicht in der Besinnung auf den Menschen selbst. Daß die Besinnung als Kampf um den Menschen und in den Menschen verstanden wird, ist der Vorzug dieser Inszenierung.

(Theater der Zeit, Heft 23, 1968, S. 9–11)

## 10. Aufführung in Stuttgart 1977

Hans Mayer: Zwischen Mythos und Aufklärung. Peymann inszeniert Goethes „Iphigenie" in Stuttgart

*Die pragmatische Voraussetzung der Iphigenie ist Barbarei. Sie stimmt zum mythischen Schicksal als Zone des Unheils.*

Theodor W. Adorno

*Wohl dem, der seiner Väter gern gedenkt ...*

„Iphigenie auf Tauris" (I, 3)

Was man *nicht* darzubieten gedachte bei dieser Stuttgarter Aufführung der „Iphigenie auf Tauris", das läßt die Inszenierung in überzeugender Weise erkennen. Keine Erbaulichkeit; kein Bühnenweihfestspiel zur Entsühnung von begangenen politischen Untaten; nicht Versprunk und nicht Gefühlsprunk. Das wieder mit großer Sorgfalt edierte Programm-Buch, das Goethes Prosafassung von 1779 synoptisch mit der Versfassung von 1786/87 abdruckt, berichtet unter der Überschrift „Kleines Tagebuch. Notizen, Zitate, Ereignisse" über Hoffnungen und Entwürfe, Mißverständnisse und Verzweiflungen bei der Regie- und Schauspielerarbeit an diesem Text. Man beginnt scheinbar harmlos mit dem Hinweis, datiert Juni/Juli: „Vor den Ferien: Es gibt den Plan, Iphigenie zu machen." Was Claus Peymann als Regisseur auf keinen Fall als Bühnenvision ertragen konnte, hat er in einem Interview klar formuliert: „Wir wollen dem Zuschauer nicht von vornherein eine griechische Tür vor die Nase knallen."

### Ausbruch aus der Tradition

Das läßt sich hören als Gegenbewegung, begründet aber sogleich einen ersten Konflikt mit Goethes Text, der den Spielort so beschreibt: „Hain vor Dianens Tempel". Freilich kommt Goethe, auch das kann sogleich zugestanden werden, auf diese Weise in Konflikt zu Substanz und Aussage seines eigenen Schauspiels. Natürlich hat man im Naturtheater Ettersburg bei einer ersten „Iphigenie", wie die überlieferten Bilder bezeugen, mit griechischen Gewändern und Säulentempeln laboriert, als in der berühmt gewordenen Aufführung Corona Schröter als

Iphigenie auftrat, agierend zusammen mit Goethe als Orest und dem Prinzen Constantin von Sachsen-Weimar als Pylades. Allein diese überlieferte Griechenvision ist durchaus nicht mit dem Schauspiel besonders eng verbunden. Im Gegenteil wird der Konflikt zwischen den Zivilisationsformen, zwischen Mythos und Aufklärung dadurch entschärft, daß alle sich wie – angebliche – Griechen benehmen. Aus diesem Traditionsschema auszubrechen, wie es Peymann und den Seinen von Anfang an vorschwebte, war durchaus richtig.

Das zweite Grundkonzept dieser Inszenierung ist bedenklicher. Beim Bemühen um eine positive Inszenierungsidee im Kontrast zu allem, was man nicht mehr haben wollte, mußte es darauf ankommen, die mythisch-irrationale Welt von Tauris und die rational-aufklärerische Zivilisation der Griechen sinnfällig zu machen. *Welcher Mythos* stand hier mit *welcher Art der Aufklärung* im Grundkonflikt? Die Stuttgarter Aufführung entschied sich für eine Auseinandersetzung über die neuerdings viel diskutierten afro-asiatischen „Mischreligionen". Thoas tritt zuerst auf wie ein weißer Negerhäuptling mit nackten Füßen, Zylinder, Blumenangebinde eines europäischen Hochzeitsmachers; allein er hat auch eine andere Seite des Menschentums und der mythischen Stammesüberlieferung, die Menschenopfer gekannt hat und nach wie vor kennt. Der Schauspieler Branko Samarovski, ein junger Thoas also, ein möglicher Werber um Iphigenie, nimmt plötzlich eine Negermaske auf, erscheint im geplanten Zweikampf mit Orest als sonderbare Mischung aus japanischem Samurai, Negerhäuptling und Medizinmann, der sich mit Hühnerblut labt und einschmiert vor dem Waffengang. Das ist sehr sonderbar, doch überzeugend, weil es die Zwischenstellung des Thoas und seiner Skythen, die durchaus nicht in Asien gesucht werden müssen, verstehbar werden läßt.

Freilich entsteht daraus gleichzeitig der etwas komische Trick mit dem Dr. Jekyll und Mr. Hyde, mit Shen-Te und Shui-Ta im Brechtschen Sezuan. Zudem bleibt bis zum Schluß unklar, ob sich Thoas, unter Iphigenies Einfluß, nun zur Kenntlichkeit oder zur Unkenntlichkeit veränderte. Ob er also, insgeheim schon immer Aufklärer, den Mythos überwunden hat, oder ob ihn der Mythos sogleich wieder einholt, weil Tauris nach wie vor darin beheimatet ist, sobald das Schiff mit den Griechen außer Sicht kommt.

Gegen diese Welt aus Mischreligion und gesellschaftlicher Übergangszeit wird nun aber die Griechenwelt als moderne europäisch-amerikanische Spätzivilisation gesetzt. Pylades (Gert Voss) ist ein kaltschnäuziger „Macher". Und wenn Orest (II, 1), erbittert über so viel gute und logistisch einwandfreie Planung, zornig hervorstößt: „Ich hör' Ulysses reden", so wird das plötzlich klar und deckend. Odysseus/Ulysses ist in der Tat der Prototyp jener „instrumentalen Vernunft", die von Horkheimer und Adorno in ihrer „Dialektik der Aufklärung" unter dem Signum des Odysseus vor mehr als dreißig Jahren vorwegnehmend analysiert wurde.

*Thoas als moderner Caliban*

In sonderbarer Weise stehen sich plötzlich in Thoas ein moderner Caliban und in Pylades ein zeitgenössischer Prospero gegenüber. Zwischen ihnen kann sich folglich nichts entscheiden. Dieser Stuttgarter Thoas ist aus eigener Tradition und Geistesanlage noch unfähig zur Humanität. Er kippt stets von einer – imitierten – Aufklärung zurück in den soliden heimischen Mythos. Pylades aber, der Mythos und Aufklärung gleichermaßen als Hirngespinste abtun muß, die nur stören beim nützlichen Planen, verkörpert keine Aufklärung, sondern deren Ende. Auch an ihm bestätigt sich, daß wirkliche Aufklärung, wie sie Iphigenie anstrebt – „verherrlicht durch mich die Wahrheit!" –, in der spätbürgerlichen Konkurrenzgesellschaft abgelöst wurde durch den *neuen Mythos* einer gesellschaftlichen Endzeit, die Aufklärung nicht bloß ablösen, sondern verhindern möchte.

All dies ist glaubhaft auf der Bühne, weil es, mit Adorno zu sprechen, die pragmatische Voraussetzung der Iphigenie, nämlich die Barbarei, in doppelter Weise mythisch konkretisiert: als ein Noch-nicht von Aufklärung bei Thoas und als ein Nicht-mehr aufgeklärter Humanität bei Pylades. [ . . . ]

Der große Augenblick der Aufklärung als Gegensatz zum Mythos ist bei Goethe also an den Schluß des Vierten Aufzugs gesetzt: da Iphigenie plötzlich den Ammen-Singsang der Parzen erinnert, gleichfalls im Singsang. Nicht diese Götter aber sind gemeint. Die neue Humanität schwebt Iphigenie vor. Allein sie fordert sie von den alten Göttern: „Rettet mich/Und rettet euer Bild in meiner Seele!" An dieser Stelle, aber nur an dieser Stelle, gelingt Kirsten Dene in der Titelrolle die Verkörperung eines – möglichen – Gegenbildes zur alten wie zur gegenwärtigen Barbarei. [ ... ]

Es gibt einen unfehlbaren Augenblick in der „Iphigenie auf Tauris", wo gleich im ersten Akt ersichtlich werden muß, ob wirklich die Auseinandersetzung zwischen Mythos und Aufklärung auf der Bühne stattfindet, oder ob sie, durch Erbaulichkeit hier, durch Psychologisieren dort, weggewischt wird. „Der geschichtsphilosophische Akzent auf dem Prozeß zwischen Subjekt und Mythos verleiht dem Text ein unverwelkt Modernes ..." (Adorno)

*Klassiker schlagen zurück*

Dieser Augenblick ist gegeben, wenn Iphigenie (I, 3) dem Thoas ihre Abkunft enthüllt: „Vernimm! Ich bin aus Tantalus Geschlecht." Der Skythe Thoas, König auf Tauris, kennt sich recht gut aus in der griechischen Mythologie, weshalb er, mit einem berühmten Zitat, antwortet: „Du sprichst ein großes Wort gelassen aus." Für die Goethe-Zeit war die mythologische Kenntnis durchaus noch gegenwärtig. Goethe konnte damit rechnen, daß diese Replik zwischen Iphigenie und Thoas beim Leser und Theaterbesucher ein Erkennen, Wiedererkennen, tragische Emotion bewirken würde. Unsere Zeitgenossen sind nicht mehr sehr stark in griechischer Mythologie. Folglich findet tragische Erschütterung nicht mehr statt. Auf Iphigenies Eröffnung antwortet der heutige Theaterbesucher etwa mit der mäßig beeindruckten Feststellung für sich selbst: „Na schön, sie ist die Tochter von Herrn Tantalus." Genauso hat Peymann das inszeniert. Nicht allein, daß er Iphigenie mit Kreide und Schultafel arbeiten läßt, um dem Barbarenfürsten atridische Genealogie einzupauken. Auch die Reaktion von Thoas/Samarovski fällt sehr modern aus: er pfeift hochachtungsvoll durch die Zähne, bevor er sein Zitat vom „großen Wort" gelassen anbringt. Es klingt, als hätte Iphigenie ihm gestanden, die Tochter des Griechen Onassis zu sein. „Die Klassiker schlagen zurück." Das ist ein Wort Wilhelm Furtwänglers, des großen Dirigenten und bemühten Komponisten. Er kannte sich aus mit ihnen. Die Klassiker schlagen zurück. So auch hier.

(Theater heute, Heft 12, 1977, S. 6–8)


## *11. Aufführung am Wiener Akademietheater 1978*

### Dieter Kranz: „Iphigenie" von Adolf Dresen in Wien inszeniert

Ein heftiger Meinungsstreit, der sich am Ende des Premierenabends im Wiener Akademietheater in Buhrufen und Bravochören artikulierte, zeigt an, daß die klassische Dichtung in dieser Interpretation eine oft schockierende Unmittelbarkeit gewinnt, die jede bildungsbeflissene Konsumentenhaltung beim Zuschauer von vornherein ausschließt. Goethes Humanitätsbotschaft wird nicht in weihevoller Feierlichkeit mitgeteilt und das Land der Griechen nicht „mit der Seele gesucht" – schon weil sich Dresen für die Urfassung der Dichtung in rhythmisierter Prosa entschied, in der dieser Vers noch nicht vorkommt.

Bühnenbildner Matthias Kralis Diana-Tempel besteht aus einem bühnenraumfüllenden hellen Flickenzelt. Bei noch halbhellem Saal schlüpft Iphigenie anfangs in abgerissenem Gewand unter der vorderen Segelbahn hindurch und beklagt verhaltenen Tons in fast konspirativer Haltung das bittere Los der Verschleppten. Dann erst rollen die vorderen Zeltbahnen wie ein Vorhang hoch und geben den Blick frei auf das Göttinnen-Bild – ein monströser Puppenkopf auf tuchverkleidetem Stehleitergestell – halb archaische Plastik, halb improvisiertes Spielrequisit des Theaters, sowie auf die blutbefleckte Mulde, deren Abflußloch Thoas später krachend öffnen wird, wenn er, durch Iphigenies Abweisung erzürnt, die Wiederaufnahme des Opferrituals verlangt. Iphigenie als Flüchtling unter den Barbaren!

Doch ebenso wie diese Deutung Goethes Text ohne alle gewollt provokanten Akzente einfach nur beim Wort nimmt (denn mit dem Taurern ist niemand anders gemeint als das Nomadenvolk der Skythen auf der heutigen Halbinsel Krim) so findet sich auch für jedes andere neu erscheinende Detail der Dresen-Inszenierung ein unmittelbarer oder mindestens doch indirekter Textbeleg. Der glatzköpfige, bullige, klunkerkettenbehangene Thoas des Heinrich Schweiger hat nicht Sarastro-Weisheit auf Anhieb parat, er reagiert vielmehr ungezügelt, wild, spricht abgehackt, wirft Iphigenie seine Werbegabe im Fischernetz vor die Füße, liebkost sie nicht ohne Gewalttätigkeit und Gier, stampft auch ganz unköniglich mit dem Fuß; doch empfindet er menschlich; es würgt ihn beim Anhören der kannibalischen Scheußlichkeiten aus der Atridengeschichte. Sein Entschluß, die griechischen Gefangenen am Ende freizugeben und Iphigenie ziehen zu lassen, gewinnt Größe, weil er schwer errungen ist.

Doch widersprüchlich erscheinen in Dresens Inszenierung auch die Griechen. Orest und mehr noch Pylades, der im Schlußakt in hemmungsloser Aggressivität das Tempelzelt mit seinem Schwert aufschlitzt, um schneller Zugang zu finden, zeigen keinerlei Skrupel, durch List, Verschlagenheit und Gewalt zum Ziel zu gelangen. Sie zögern nicht, das Götterbild zu rauben, das im vierten Akt umgestürzt und verschnürt auf dem Tempelboden liegt. Sie raffen auch noch den Goldschatz zur Beute, den Thoas der Iphigenie schenkte. Und das Programmheft bringt den Thoas-Satz „Der Grieche wendet oft sein lüstern Auge den fernen Schätzen der Barbaren zu" durch ein aktuelles Foto in assoziative Verbindung mit der Ausplünderung der jungen Nationalstaaten durch die kapitalistischen Konzerne. Am Ende verschwinden Orest und Pylades (nachdem die ganze Auseinandersetzung mit Thoas in sich gegenseitig belauernder Kampfbereitschaft stattgefunden hatte) mit gezogenem Schwert rückwärts sichernd wie ein Stoßtrupp. Aktion Tauris ausgeführt! Barbaren auch sie, von denen Menschlichkeit weniger zu erwarten ist als von den sogenannten Barbaren des Ostens. Nur auf Thoas und Iphigenie kann Hoffnung sich gründen . . .

Dresen erreicht die unmißverständliche Ablesbarkeit dieser Deutung nicht durch aufpfropfende Zutaten, sondern durch eine ebenso subtile wie intensive Schauspielerregie. Er besetzt überwiegend junge Darsteller, die in solchen klassischen Rollen zum Teil erstmalig eingesetzt sind, und drängt kompromißlos auf situationsbetontes Spielen ohne rhetorische Steifheit und gipserne Monumentalität. Orest und Pylades hängen im zweiten Akt Rücken an Rücken an einer Zeltstrebe gefesselt wie am Marterpfahl und führen ihren Dialog begleitet vom drohenden Rhythmus ferner Tam-Tams hastig in unmittelbarer Todeserwartung. Sich wild auflehnend gegen den scheinbar unabwendbaren Schlächtertod versuchen sie im freilich nur begrenzt möglichen physischen Kontakt Halt zu finden. Die widerspruchsvolle Situation der beiden wird deutlich – Pylades an den Verfluchten „gebunden" und gegen solche Verwicklung in düsteres Atridenlos aufbegehrend. Wenn die zum Opferakt gerüstete Iphigenie die Gefangenen aus ihrer Lage befreit, stürzen sie erst einmal entkräftet zu Boden und müssen sich mühsam an der Zeltstange hochschieben, bevor ihnen die malträtierten Gliedmaßen wieder gehorchen.

Solche bis zur rhetorischen und gestischen Exaltation gehende Darstellung der physischen Grenzsituation soll gewiß emotionelle Unmittelbarkeit bewirken, führt freilich immer dann zu grellen Übersteigerungen und hektischen Verzerrungen, wenn die Schauspieler (beispielsweise Franz Morak als Pylades) die angestrebte Konkretheit noch nicht mit der notwendigen Form zu verbinden wissen. Elisabeth Orth vermag dagegen durch Schlichtheit und Intensität die Iphigenie gleichzeitig als Zeitgenossin nahezurücken und als mythische Figur zu verallgemeinern. Ihre Erkennungsszene mit Orest, den Wolfgang Hübsch verhalten in Schmerz und visionärer Verzweiflung spielt, gerät zum Höhepunkt des Abends: Der entkräftet zu Boden Gestürzte berichtet die Muttermord-Geschichte wie etwas, das er selbst nicht glauben kann. Und als Iphigenie sich ihm, den körperlichen Kontakt nahezu inzestuös suchend, als seine Schwester zu erkennen gibt, löst er sich aus der Verklammerung und hebt den Kopf zu einem stummen Schrei. Die kritische Darstellung sowohl der Taurer als auch der Griechen führt nicht zu undifferenzierter Abwertung. Auf beiden Seiten werden vielschichtige Menschen dargestellt, deren Handeln sich aus Vorgeschichte und Situation erklärt. Bei alldem gerät manches noch überakzentuiert, anderes blaß; von Harmonie, was immer man auch darunter verstehen mag, ist die Inszenierung weit entfernt. Vielleicht entspringt jedoch gerade dieser Unvollkommenheit, der jede Glätte fremd ist, die sympathische Überredungskraft der Aufführung. Man spürt die „Betroffenheit" des Regisseurs, die seiner Arbeit einen gewissen bekenntnishaften Zug gibt. Denn selbstverständlich geht es Dresen beim Wegrücken des Stücks aus der Blütezeit der griechischen Kultur in die archaische Frühzeit um nichts weniger als historische oder ethnologische Treue. Wie die Kostüme Gegenwärtiges ohne aufdringliche Analogien assoziieren, so beweist auch die ganze Inszenierung einen niemals vordergründigen aktuellen Beziehungsreichtum, der sicherlich dazu beitrug, den heftigen Meinungsstreit am Premierenabend auszulösen. Auch die Wiener Kritik reagierte je nach dem politisch-ästhetischen Standort des Rezensenten mit Enthusiasmus oder Vorbehalten, wobei die achtungsvolle Anerkennung der Kunstleistung überwog.

(Theater der Zeit, Heft 5, 1978, S. 33 f.)


## 12. Aufführung im Frankfurter Schauspiel 1980

Günther Rühle: Das Lehrstück und das Lernstück. Hans Neuenfels inszeniert Goethes „Iphigenie" in Frankfurt

Es zeigt sich nun, was der Durchgang durch die Phase des Protestes, das Verwerfen der alten Bilder, die zeitweise Ausgliederung der großen, geschlossenen Stücke der deutschen Klassik (ihre Schonung) doch für einen Gewinn bringt. Das Verlangen nach diesen Stücken wird wieder elementar spürbar – und es ist vielfach begründet: als Neugier, wie sich das Stück dem veränderten Blick zeigt; als Sehnsucht nach größeren Formen; aber auch als Verlangen nach neuen Wertsetzungen.

Als Claus Peymann zum erstenmal aus dem so begründeten Arbeitsantrieb „Iphigenie" inszenierte, machte er die Neugier auf den Ertrag solcher Beschäftigung zum Charakter der Inszenierung: Eine moderne Frau erfuhr sich im Betrachten der alten Auseinandersetzung. Sie notierte den Ertrag auf der Schultafel. Sie tat einen Blick zurück – fürs Gegenwärtige. Ein Stück, das als altes Lehrstück abgelegt war, wurde wieder als Lernstück benutzt. Die Brechung der Spielvorgänge, die Ein- und Ausstiege, die Neugier auf das Ergebnis und das Risiko der Spielanlage: das gab dem Peymannschen Versuch innerhalb der szenischen Prozeduren einen historischen Rang. Neuenfels geht nun, obwohl er die Offenheit der Peymannschen Versuche meidet, einen Schritt weiter.

Was hat Neuenfels mit Peymann zu tun? Fast nichts. Peymann geht immer aus vom Eros, den ein Stück (in einer bestimmten Situation) auf ihn ausübt, von seinen politischen Empfindungen, seinen oppositionellen Reizbedürfnissen, seinem Spielvergnügen. Neuenfels, wie Peymann ein Temperament (aber eines, das sich noch vergrößert), überraschte und opponierte immer mit eigenwilligen, oft ungebärdigen Visionen einer anderen, phantastischen theatralisierten Welt. Im Durchbrechen der Konvention, im Rüden der Herausforderung stand er Zadek näher als Peymann. Wieso geht er jetzt einen Schritt über Peymann hinaus und doch auf seiner Linie? Etwa nur, weil er die „Iphigenie" inszeniert, nur, weil er Adornos Aufsatz „Zum Klassizismus von Goethes Iphigenie" (wie Peymann) an den Anfang seiner Arbeit setzte, jenen Aufsatz, der die „Iphigenie" ihrer Versteinerung zum Propagandastück der Humanität enthob und die dialektischen Prozesse im Stück als Spielaufgabe wieder hervorhob?

Peymanns „Iphigenie" war ein Versuch, sich – jenseits der Spieltradition, jenseits der Sprachform – wieder in ein Verhältnis zum Stück zu bringen. Neuenfels' Inszenierung versucht, des Theaterstücks eigene Gestalt (also die große Form) auf eine prozessuale Weise zurückzugewinnen und somit an die Spieltradition wieder anzuknüpfen. Das ist auch für Neuenfels, der Traditionen bisher verwarf, ein neuer Schritt. Möglich ist er, weil Neuenfels sein Spielsystem der harten, unvermittelten (und darum im einzelnen oft rätselhaft bleibenden) Montagetechnik zugunsten der Entwicklung dramatischer Prozesse aufgibt, weil er Sinn für Einleitungen, Überleitungen, Erklärungen entwickelt, ohne gänzlich auf die Montage als das Mittel, Fremdheit ins Kunstwerk zu bringen, zu verzichten. Iphigenie ist in Frankfurt entworfen als ein Spiel in drei Zeitstufen. Wir Zeitgenossen betreten ein Goethesches Theater, worin man vermittels der „Iphigenie" Klassizität menschlichen Verhaltens, das heißt: gültige Erfahrung zu ermitteln und darzustellen versucht. Also ist der Zuschauerraum versehen mit einer Folge enggebogener Eingänge zu den Stuhlreihen, und die weiße Stoffbespannung der Wände wird von den weißen, gegliederten Wänden auf der Bühne fortgeführt. Das Mobiliar auf der Bühne (Sofa, Tisch und Sessel) ist aus der Goethezeit. Der Bühnenraum selbst (Entwurf: Neuenfels zusammen mit dem Technischen Direktor Vequel) leuchtet in Winckelmannschem Weiß: edel, kostbar, fast luxuriös, was gleichzeitig ihn theatralisiert und anspielt auf die soziale Höhe der Auftretenden. Die Spielfläche ist getrennt in einen Raum, der Innen wie Außen sein kann, und ein vorgelagertes Gewässer; an der Rampe eine Sand-Insel mit zwei hohen Kiefern und einem Glasgehäuse mit dem Bildnis der Göttin Diana, aufbewahrt wie eine Reliquie: Es ist der Heilige Hain. Wer ihn betreten will, muß durch das Wasser.

Neuenfels spricht von der „Iphigenie" als einem Gedicht, das von Tauris über Weimar nach Frankfurt reicht, und simuliert, auch in den Kostümen, ein Verweben von Ort und Zeit. Seine Bühne ist aber ein hochartifizieller Kasten, an dessen Rückwand durch Hochfahren der Wände schöne, einfache Bilder der seelischen Imagination freigegeben werden. Griechische Ruderer im Boot, ein rotes Mohnfeld für die Wahnsinnsszene des Orest, das Standbild einer kopflosen Göttin, von der nur noch das Gewand blieb (wenn Iphigenie sich den Göttern entfremdet), das Anschleichen nackter Krieger (wenn Thoas zum Opfern treibt und die alte atavistische Welt wieder aufbricht).

Neuenfels ist ein aufgeklärter Surrealist. Das heißt: Er kennt die Bildersprache für die Ängste, er weiß, wie mitten im gesicherten Leben unversehens das Alte, Überwundene, das Grauenhafte wieder aufbrechen kann. Weiß aber auch, daß es dabei nicht bleiben muß. Seine surrealen Deutungen der großen Stücke – von der „Nora" bis zur „Medea" und zum „Ödipus" – haben einen Zug in die Selbstbefreiung, in die Überwindung. Seine „Iphigenie" gewinnt aus eben diesem Zug das Dramatische. Deutlich spielt Neuenfels zwei Bewegungen gegeneinander aus: den Rückfall des Thoas und das Weiterkommen und Begreifen (die Selbstfindung) der Iphigenie. Die Inszenierung basiert auf einer sorgsamen Dramaturgie sowohl in der Text- wie in der Bilder- und Bewegungsfolge.

Sie geht aus von einer beruhigten Welt. Die nach Tauris entführte Iphigenie ist eine der Göttin nur widerwillig dienende Priesterin, fast ganz der Schwermut, der Langeweile und der Ungewißheit über ihre Zukunft wie über sich selbst anheimgegeben. Elisabeth Trissenaar spielt eine wenig starke, aber anziehende Frau, von Anfang an mit sehr privaten Tönen: „Ich bin aus Tantalos' Geschlecht" – das spricht sie ängstlich, wie im Weglaufen: Es gibt keinen Stolz im Schrecklichen! Thoas zeigt sich anfangs als ein Mann im modernen Anzug; er trägt eine Brille, sitzt im Sessel und liest ein Buch, eine hohe Stufe der Zivilisation ist erreicht, die jedoch unter dem Andrang erotischer Wünsche, dann unter der Pression des Auftritts von Orest und Pylades belastet wird. Thoas Rückfall wird sehr einfach gezeigt. Der Schauspieler, Edgar Böhlke, legt die Oberkleider ab – wie in Trance –, man sieht den tätowierten Körper, er holt den alten Stierschädel der taurischen Religion, stößt vor ihm seine Beschwörungen aus, vergräbt ihn vor dem Schrein der Diana und tanzt; er trägt Totenköpfe herbei, legt sie auf hohe Postamente, als wolle er seine Insel zum Museum des Schreckens machen. Der Regisseur unterschlägt nicht die harten körperlichen Zugriffe Thoas' auf Iphigenie, den abgedrungenen Kuß, den gepackten Leib. Neuenfels treibt

Thoas bis zum Schlagen. Doch nie läßt Böhlke den Thoas unsere Sympathie verlieren. Es wird hier eine Gefährdung, ein Rückfall gespielt, der endgültig werden kann, aber nicht endgültig werden muß. Neuenfels belastet Iphigenie, um ihren Erkenntnisprozeß zu zeigen. Zu Anfang ist ungewiß, ob sie die Zumutungen auffangen und sich behaupten wird. Doch bei dem Satz: „Ich bin so frei geboren als ein Mann", steht sie fest auf der Bühne, und im Gespräch mit dem gejagten Orest erfährt sie ihre helfende Kraft. Schritt für Schritt zeigt Neuenfels dann, wie sie sich auch aus dem Bann der Göttin löst, als sie den Stolz, Agamemnons Tochter zu sein, über das Amt der Priesterin stellt.

Und ein übriges tut Neuenfels, als er sie zeigt, wie sie dem Plan des Pylades folgt und das Götterbild entführen will. Da schnürt sie den Schrein zu mit frischem, knitterndem Packpapier und Kordel, schreibt als Adresse „Delphi" darauf – und was für einen Moment als unvereinbarer Gag erscheint, der das Bildgefüge durch einen Jux sprengt, erhält bald darauf seine Einfügung ins Ganze, wenn die Trissenaar, das Parzenlied zu einem wilden Exzeß der Götterdämmerung benutzend, die Verpackung wieder zerreist, die Glashaube hebt und nachprüft, was an der Göttin Bild denn Heiliges sei. Aus den Händen des Götterbildes rinnt Sand, das Gesicht bleibt als Maske in ihren Händen: Neuenfels fügt Bildgedanken Max Ernsts in den Prozeß einer Selbstfindung, die mit dem Wegsinken der Götter endet.

Am Ende ist die Besänftigung des wilden Mannes erreicht, der Weg freigegeben ins Land der Griechen, das sie mit der Seele suchte. Der Satz zieht sich wie ein innerer Monolog (über den Lautsprecher gegeben) durch die Inszenierung. Am Ende freilich, nachdem sie auf der Insel erfahren hat, wie Wort, Freundlichkeit und Überlegenheit Schlimmes auflöst, ist dieser Iphigenie ganz ungewiß, ob Griechenland noch das bessere Land sei (dort wurde sie ja auch geopfert). Sie zögert, von Tauris, von Thoas, wegzugehen. Eine stille Liebe zu Thoas ist nicht erloschen. In diesem sinnenden Zögern endet die Aufführung. Humanität war hier nicht ausgestellt als Programm, sondern gewonnen als persönliche Erfahrung.

Also brachte die vorzügliche Organisation eine große Aufführung? Sie ist spannend, was die szenische Prozedur betrifft. Das Publikum folgte lange nicht mehr so aufmerksam einem Text, einem bildhaften Vorgang. Es gab nachher Ovationen. Und doch spürte man die Lähmungen, die Bremsen, die Fliehmomente, wo Konfrontationen und Additionen nötig gewesen wären. [ . . . ]

So blieben im Verhältnis von Materialien und Personen, aber auch im Verhältnis der Personen untereinander, Lücken. Das schwächte den Eindruck. Der Inszenierung, die zarter angelegt ist als fast alle Neuenfels-Arbeiten zuvor, wuchs an dramatischer Kraft wenig, an Interesse freilich viel zu. Der Weg zu einer neuen großen Form ist schwer. Es kann nicht wieder die alte Form des Stadttheaters sein. Sie braucht andere Facetten, andere Erfahrungen. Neuenfels ist ein beachtlicher Arbeiter für dieses Ziel.

(Theater heute, Heft 8, 1980, S. 8–11)


## 13. Aufführung in den Münchner Kammerspielen 1981

Günther Rühle: Iphigenie – auf dem Weg zur Schallplatte. Dieter Dorn läßt in den Münchner Kammerspielen Goethe sprechen

Am 30. Januar abends bedankte sich das Premierenpublikum in den Münchner Kammerspielen stürmisch für die Verweigerung einer Inszenierung der angekündigten „Iphigenie auf Tauris" von Goethe. Dieses kommt höchst selten vor und ist also denkwürdig.

Immerhin bemüht Dieter Dorn sich seit einiger Zeit sehr erheblich um die Vergegenwärtigung älterer Stücke; wie schnell er auch immer dafür mit nüchternen Spielkästen und Alltagskleidung für seine Spieler bei der Hand war, seit „Was ihr wollt" sah man diesen Versuchen deswegen mit

Interesse zu, weil er anscheinend den Verzicht auf das Bühnenbildtheater zum Zweck neuer Hervorkehrung und Belastung der Schauspieler betrieb. Eine Zeitlang blieb ganz unentschieden, ob und was das Ziel seiner Versuche sei. Mit „Iphigenie" setzt er diesen die falsche Krone auf.

Statt die Bühne zu benutzen, verhängte er sie mit einem schwarzen Tuch. Der durch üppigere Arbeiten bekannt gewordene Bildner Jürgen Rose fügte diesem ein weißes Laken ein und baute zwei weißbespannte Stufen vor die Rampe. Man saß und sitzt also vor der textilen Reduktion einer Tempelwand (so ist zu hoffen). Richtiger wäre, von einem dürftigen, nah an den Zuschauer gerückten Podest zu sprechen, auf dem Dorn die fünf Schauspieler vorführt. Im wesentlichen in zwei Positionen: im Profil und en face (aber lieber im Profil). Er macht die Schauspieler zu Nahverwandten; die gewiß immer bewunderungswürdige Gisela Stein trägt ein graubraun fließendes langes Abendkleid; der knorrige Thomas Holtzmann (er spricht mit untermalender Mimik den Part des Thoas) trägt unter grauem Anzug Weste und schwarzes Hemd; der brustkastenstarke Claus Eberth gibt den Orest im schwarzen Cordanzug mit gleichfarbenem Hemd (offen), der hemmungs- und dramaturgielos dahinsprechende Felix von Manteuffel dagegen (Pylades) tritt straff oder lässig auf im gepflegten blaugrauen Zweireiher, und der ähnlich gekleidete Edgar Selge als Arkas (der bei Goethe wohl doch aus einer anderen als der Zweireiherkultur stammt) ist in solchem Schlankmacher vor allem arrogant bis ingrimmig. Natürlich tragen die beiden letzteren Krawatten (was, darin haben Dorn-Rose recht, dem aus den Fugen geratenen Orest schlechter anstünde, obzwar in diesem Anzugssystem . . .)

*Das Aug' wird nicht verwöhnt, das Ohr zum Teil versöhnt*

Der Regisseur bedient sich weniger, dafür sehr abrupter Regiemittel. Zwischen Dunkel, Blackouts und gleißendem Licht wechseln auf dem Podest schnell die Personen, so daß die jeweils neue Gruppierung vor der weißen Rückwand dem nicht verwöhnten Auge einen filmisch zugeschnittenen Effekt macht. Die strenge Spielordnung wird einmal dadurch variiert, daß Orest für seine Wahnsinnsszene, also im Moment der größten Selbstentfremdung, ins Publikum hinabgeschickt wird, wo Eberth dann seine besten Momente, weniger als Orest denn als Schauspieler Eberth hat.

In diesem und den anderen Schauspielern sieht man keine dramatis personae, sondern nur Textträger. Man achtet auf ihre Mühen, auf ihre Mimik, die mal untermalt, mal Durchfühlung des Textes andeutet. Man sieht vor allem: Dorn will das blanke Wortkunstwerk. Dorns Weg führt hier direkt ins Schallplattentheater. Zu diesem fehlt es der Inszenierung nur an der völligen Dunkelheit. Da der Abend indessen recht viel Konsequenz zeigt, darf man auf vorher gedachtes schließen. Die Vermutung wird im Programmheft belegt. Es steht dort:

„So ‚handelt' das Stück von ‚Sprache' . . . Wie ‚anschaulich' darf ein ‚Schauspiel' gemacht werden, das Tat durch Rede ersetzt? Kann man es beim Wort nehmen und nur beim Wort? Sprache als Thema: die weiter und weiter getriebene Harmonie des Verses ist Forderung und Vielfalt" undsoweiter. Schließlich ergibt sich – eine Rose ist eine Rose ist eine Rose. – Der Satz: „Iphigenie und Thoas stehen sich gegenüber als fleischgewordene Argumente, als Sprecher klassischer Verse." Was ist an dieser auszehrenden Denkfolge der Irrtum?

Erstens: Das Stück ‚handelt' nicht von Sprache. Und schon gar nicht ist Sprache das Thema. (Goethe ist nicht Handke.) Bestenfalls vertraut „Iphigenie" auf die Überzeugungskraft des Wortes (unsere Klassiker hatten darin ein ebenso hoffendes wie pädagogisch gemeintes Vertrauen). Jedoch: reagiert Thoas nur auf Worte, sänftigen Wörter seine wilde Seele? Bedrängen Iphigenie und Orest den Archaiker denn nur mit Wörtern? Nicht vielmehr mit ihrem ganzen Schicksal, mit dem Hinweis darauf, was sich an ihnen, mit ihnen und auch jetzt wieder an ihnen vollzieht („O König, hindre nicht, daß sie [die Göttin] die Weihe des väterlichen Hauses nun vollbringe . . .") Sie bedrängen ihn mit dem Numinosen, von dem sie sich ergriffen fühlen. Das macht ihn stumm, ohnmächtig und am Ende auch ganz sprachlos, daß er nur gerade sein „So geht" herausbringt. Handelt das Stück von der Sprache?

Zweitens: Das Stück handelt mehr von Personen, von Lösung des Fluchs, von Epochenwechsel, von Sänftigung als Prozeß der Zivilisation, von Einsicht und geistiger wie emotionaler Disziplin als Elementen dieses Prozesses. Sprache ist deren bester Ausdruck. Goethe hätte sich des Theaters nicht so dringlich angenommen, hätte er alles der Sprache, dem Wort überlassen können. Er arbeitete für die Grundlegung eines neuen Theaters, aber an neuen Bildern. „Iphigenie" ist ein Bild zum Anschauen für die Anschauung, unser höchstes und strengstes Denk-Bild. Es will und braucht die Imagination, die Weckung der Einbildungskraft. Die Bildgebung für „Iphigenie", die Herstellung ihrer Sinnfälligkeit ist die Aufgabe der Regie.

Dorn interpretiert den vehementen Sprachakt der „Iphigenie" nicht nur falsch, er nimmt ihm seine ganze sinnfällige Dimension. Die Bildwelt für „Iphigenie" wiederzugewinnen (und nicht wieder in die weißen Tempeltableaus des Traditionstheaters zurückzufallen) ist derzeit eine so vorrangige wie schwierige Aufgabe (Peymanns und Neuenfels' Inszenierungen waren Schritte dahin). Dorns Inszenierung ist das Ausweichen, die pure Drückebergerei. Dies geschieht freilich unter der Maßgabe, dennoch „Vorreiter" zu sein, sozusagen endlich den Text, den reinen Text wieder zum Hauptpunkt des Theaters zu machen. Er reitet da auf einem akuten Verdruß des Publikums, dem zuviel gehäuftes Bild-Material auf der Bühne leicht den Text verloren gehen läßt. Dorn scheint da dem Regie-Theater das Text-Theater gegenüberzustellen – aber er liefert in seiner Verweigerung der Bildsphäre nur die tristeste Möglichkeit des Regietheaters: Die Nicht-Inszenierung.

Dorn hat in Gisela Stein freilich eine exzellente Schauspielerin, die ihm das Trugspiel durchzusetzen half. Sie spricht nicht nur die Verse, sie durchfühlt sie mit der Not der Person, noch ihr Schweigen ist durchängstigt, sie drängt sich aus den leer gewordenen Mühen des Alltags wieder ins Sprechen. Ihr Satz „Ich habe nichts als Worte", rechtfertigt nicht das Konzept der Inszenierung, sondern belichtet nur die Armut und die Anstrengung dieser nicht resignierenden, sich nicht fügenden Frau. Gisela Stein deutet eine Iphigenie an, deren Lebenskraft ausläuft, die den letzten Kampf kämpft in der Welt der Männer. Die Schauspielerin will aus dem Sprech-Stück ins Drama, das in diesem immer wieder zu flach gesehenen Leben tobt. Sie spielt, wiewohl sie diese noch prägt, fast schon eine andere Inszenierung. Diese Frau braucht endlich große, dramatische Aufgaben.

(Theater heute, Heft 3, 1981, S. 11 f.)

# Literaturverzeichnis

*Ausgaben*

*Goethes* Iphigenie auf Tauris. In vierfacher Gestalt hrsg. von *Jakob Baechtold.* Freiburg i. Br. u. Tübingen: Mohr 1883.
*Goethes* Werke. Hrsg. im Auftrage der Großherzogin Sophie von Sachsen. Bd. 10: Iphigenie. Bearbeitet von *B. Litzmann.* Weimar: Böhlau 1889.
*Goethes* Sämtliche Werke. Jubiläums-Ausgabe. Hrsg. von *Eduard von der Hellen.* Bd. 12: Iphigenie. Tasso. Natürliche Tochter. Mit Einleitung und Anmerkungen von *A. Köster.* Stuttgart u. Berlin: Cotta o. J.
*Goethes* Werke. Festausgabe, hrsg. von *Robert Petsch.* Bd. 7: Dramen III. Leipzig: Bibliographisches Institut o. J.
*Goethes* Werke. (Sog. Hamburger Ausgabe, hrsg. von *Erich Trunz*). Bd. 5: Dramatische Dichtungen III, hrsg. von *J. Kunz.* Hamburg: Chr. Wegner 1952.
*Johann Wolfgang Goethe:* Gedenkausgabe der Werke, Briefe und Gespräche. (Artemis-Ausgabe, hrsg. von *Ernst Beutler*). Bd. 6: Die Weimarer Dramen, hrsg. von *K. May.* Zürich: Artemis-Verlag 1954.
Iphigenie. Euripides. Racine. Gluck. Goethe. Hauptmann. Vollständige Dramentexte, hrsg. von *Joachim Schondorff,* Vorwort von *Edgar Lohner.* München, Wien: Langen-Müller 1966.


*Bibliographien*

Goethe-Bibliographie. [Gesamtbibliographie von den Anfängen bis 1950] In: Grundriß zur Geschichte der deutschen Dichtung aus den Quellen von *Karl Goedeke.* 3. Aufl. Bd. 4. – [I.] T. 2–4: Von den Anfängen bis Anfang 1912. Bearb. v. *Karl Kipka.* 3 Bde. Dresden, 1910–1912. – [II.] T. 5: 1912–1950. Von *Carl Diesch* u. *Paul Schlager.* Hrsg. v. *Herbert Jacob.* Berlin 1960.
Goethe-Bibliographie. [Auswahlbibliographie von den Anfängen bis 1964] Begr. v. *Hans Pyritz.* Fortgef. von *Heinz Nicolai* u. *Gerhard Burkhardt.* 2 Bde. Heidelberg 1965–1968.
Goethe-Bibliographie 1951–1969. Bearb. v. *Heinz Nicolai.* Als jährl. Beigabe in: Goethe. Neue Folge des Jahrbuchs der Goethe-Gesellschaft. Bd. 14/15–33 (1952/53–1971).
Goethe-Bibliographie 1970 ff. Bearb. v. *Hans Henning.* Jährl. in: Goethe-Jahrbuch 89 ff. (1972 ff.).
*Angst, Joachim,* und *Fritz Hackert* (Hrsg.): Johann Wolfgang Goethe. Iphigenie auf Tauris. Erläuterungen und Dokumente. Stuttgart: Reclam 1970, bibliog. erg. Ausg. 1978.


*Gesamtdarstellungen*

*Bielschowsky, Albert:* Goethe. Sein Leben und seine Werke. Bd. 1. München: C.H. Beck'sche Verlagsh. 1917.
*Boor, Helmut de* und *Richard Newald:* Geschichte der deutschen Literatur von den Anfängen bis zur Gegenwart. Bd. 6, 1. Teil. München: Beck 1957.
*Friedenthal, Richard:* Goethe: sein Leben und seine Zeit. München: Piper 1963, [7]1974; sowie München: dtv 1977, Frankfurt a. M.: Ullstein 1978.
*Graham, Ilse:* Goethe, Portrait of the Artist. Berlin 1977.
*Gysi, Klaus:* Klassik. Erläuterungen zur Deutschen Literatur. Berlin/DDR: Volk und Wissen 1971.
*Korff, Hermann August:* Geist der Goethezeit. 2. Teil: Klassik. Leipzig: Koehler und Amelang 1927.
*Staiger, Emil:* Goethe. Bd. 1: 1749–1786. Zürich: Atlantis 2. Auflage 1957, [3]1978.
*Wiese, Benno von:* Die Deutsche Tragödie von Lessing bis Hebbel. Hamburg: Hoffmann und Campe 5. Auflage 1961.

*Epoche: Gesellschaft, Kultur*

*Bayer, Hans:* Feingefühl – Achtung – Ehrfurcht. Zur Soziologie des bürgerlichen Ethos der Goethezeit. In: Wirkendes Wort 28 (1978), S. 401–421.
*Benz, Richard:* Die Kultur des 18. Jahrhunderts. Bd. 2: Die Zeit der deutschen Klassik. Stuttgart 1953.
*Berglar, Peter* (Hrsg.): Staat und Gesellschaft im Zeitalter Goethes. Festschr. für Hans Tümmler. Köln 1977.
*Bruford, Walter H.:* Die gesellschaftlichen Grundlagen der Goethezeit. Weimar 1936; Frankfurt a. M.: Ullstein 1975.
*Corngold, Stanley A.* (Hrsg.): Aspekte der Goethezeit. Göttingen 1977.
*Gerth, Hans:* Bürgerliche Intelligenz um 1800. Zur Soziologie des deutschen Frühliberalismus. Göttingen 1976.
*Holborn, Hajo:* Der deutsche Idealismus in sozialgeschichtlicher Beleuchtung. In: Historische Zeitschrift 174 (1952), S. 359–384.

*Einzeluntersuchungen*

a) Stoffgeschichte

*Blumenthal, Lieselotte:* Iphigenie von der Antike bis zur Moderne. In: Natur und Idee. Festschrift für Bruno Andreas Wachsmuth, hrsg. von *Helmut Holtzhauer.* Weimar: Böhlau 1966, S. 9–40.
*Bradish, Joseph A.:* Die Entstehung der „Iphigenie auf Tauris". 1779. In: The German Quarterly 12 (1939), S. 140–152.
*Hall, F. A.:* A Comparison of the Iphigenias of Euripides, Goethe, and Racine. In: Class. Journal 9 (1914), S. 371–384.
*Hamburger, Käte:* Von Sophokles zu Sartre. Griechische Dramenfiguren, antik und modern. Stuttgart: Kohlhammer 2. Auflage [5]1974, S. 95–120.
*Heitner, Robert R.:* The Iphigenia in Tauris Theme in Drama of the Eighteenth Century. In: Comparative Literature. Vol. XVI. 1964, S. 289–309.
*Keipert, Hans:* Goethes „Iphigenie" und Hauptmanns „Atridentetralogie". In: Der Deutschunterricht 13 (1961), Heft 3, S. 25–40.
*Nordheim, Werner von:* Die Atriden-Dramen von Euripides, Hauptmann und Sartre – verglichen mit Goethes „Iphigenie". In: Wirkendes Wort 11 (1961), S. 162–172.
*Philipp, Elfriede:* Die Iphigeniensage von Euripides bis Gerhart Hauptmann. Diss. Wien 1948 (Masch.).

b) Interpretationen

*Adorno, Theodor W.:* Zum Klassizismus von Goethes Iphigenie. In: Neue Rundschau 78 (1967), Heft 4, S. 586–599.
*Beck, Adolf:* Der „Geist der Reinheit" und die „Idee des Reinen". Deutsches und Frühgriechisches in Goethes Humanitätsideal. In: *A. Beck:* Forschung und Deutung. Frankfurt a. M., Bonn: Athenäum 1966.
*Boyd, James:* Goethe's „Iphigenie auf Tauris". An Interpretation and Critical Analysis. Oxford: Blackwell 1942, Neudruck 1949.
*Burckhardt, Sigurd:* „Stimme der Wahrheit und der Menschlichkeit": Goethes „Iphigenie". In: Monatshefte f. dt. Unterricht, dt. Sprache und Literatur. Madison/Wisconsin 48 (1956), S. 49–71.
*Burger, Heinz Otto:* Zur Interpretation von Goethes Iphigenie. In: Germanisch-romanische Monatsschrift 9 (1959), S. 266–277.
*Dieckmann, Lieselotte:* Zum Bild des Menschen im 18. Jahrhundert: Nathan der Weise, Iphigenie, Die Zauberflöte. In: Festschrift für Detlev W. Schumann, hrsg. von *Albert R. Schmitt.* München: Delp 1970, S. 89–96.

*Fischer-Lichte, Erika:* Goethes „Iphigenie" – Reflexion auf die Widersprüche der bürgerlichen Gesellschaft. Zur Kontroverse Ivo/Lorenz. In: Diskussion Deutsch 6 (1975), H. 21, S. 1–25. [Vergl. dazu auch Fischer-Lichte im Kap. zur Wirkungs- und Theatergeschichte].

*Friderici, Hans:* Die Konflikte in Goethes „Iphigenie" als Abbildungen gesellschaftlicher Widersprüche. In: Weimarer Beiträge 6 (1960), S. 1055–1065.

*Hackert, Fritz:* Iphigenie auf Tauris. In: Goethes Dramen. Neue Interpretationen. Hrsg. v. *Walter Hinderer.* Stuttgart 1980, S. 144–168 [enthält umfassende Bibliog.].

*Henkel, Arthur:* Die „verteufelt humane" Iphigenie. In: Euphorion 59 (1965), S. 1–17.

*Henkel, Arthur:* Goethe. Iphigenie auf Tauris. In: Das deutsche Drama, hrsg. von *Benno von Wiese.* Bd. 1. Düsseldorf: Bagel 1958, S. 169–192.

*Hodler, Werner:* Zur Erklärung von Goethes „Iphigenie". In: Germanisch-romanische Monatsschrift 10 (1960), S. 158–164.

*Hritzu, John N.:* Dramatic Irony in Goethe's „Iphigenie auf Tauris". In: Monatshefte f. dt. Unterricht, dt. Sprache und Literatur. Madison/Wisconsin 36 (1944), S. 217–223.

*Ivo, Hubert:* Die politische Dimension des Deutschunterrichts. Zum Beispiel Goethes „Iphigenie". In: Diskussion Deutsch 4 (1973). Sonderband: Zur politischen Dimension des Deutschunterrichts, S. 5–36.

*Kunz, Josef:* Goethes Werke (Hamburger Ausgabe). Bd. 5. München: C.H. Beck, unveränderter Nachdruck der 7. Auflage 1974, S. 407–429 (Anmerkungen des Herausgebers zu „Iphigenie auf Tauris").

*Lindenau, Herbert:* Die geistesgeschichtlichen Voraussetzungen von Goethes „Iphigenie". Zur Geschichte der Säkularisierung christlicher Denkformen in der deutschen Dichtung des 18. Jahrhunderts. In: Zeitschrift für deutsche Philologie 75 (1956), S. 113–153.

*Lorenz, Rolf:* Utopie contra Entfremdung? Eine Entgegnung auf H. Ivos Versuch, Goethes „Iphigenie" politisch zu verstehen. In: Diskussion Deutsch 5 (1974), S. 181–192.

*May, Kurt:* Form und Bedeutung. Stuttgart: Klett 1957, S. 74–88.

*Müller, Günther:* Johann Wolfgang von Goethe. Das Parzenlied. In: Die deutsche Lyrik. Form und Geschichte, hrsg. von *Benno von Wiese.* Bd. 1. Düsseldorf: Bagel 1956, S. 237–250.

*Müller, Joachim:* Goethes „Iphigenie". In: Wissenschaftliche Zeitschrift der Friedrich-Schiller-Universität Jena. Gesellschafts- und sprachwissenschaftliche Reihe 9 (1959/60), S. 309–320.

*Pfaff, Peter:* Die Stimme des Gewissens. Über Goethes Versuch zu einer Genealogie der Moral, vor allem in der „Iphigenie". In: Euphorion 72 (1978), S. 20–42.

*Politzer, Heinz:* „Kein Mensch ist ein Eiland". Zu Goethes „Iphigenie". In: *H. Politzer:* Das Schweigen der Sirenen. Studien zur deut. und österr. Literatur. Stuttgart: Metzler 1968, S. 285–311.

*Rasch, Wolfdietrich:* Goethes „Iphigenie auf Tauris" als Drama der Autonomie. München 1979.

*Schaum, Konrad:* Der historische Aspekt in Goethes „Iphigenie". In: Versuche zu Goethe. Festschrift für Erich Heller. Hrsg. v. *Volker Dürr* u. *Géza von Molnár.* Heidelberg 1976, S. 248–268.

*Schumann, Detlev M.:* Die Bekenntnisse in Goethes „Iphigenie": Symmetrie und Steigerung. In: Jahrbuch der deutschen Schillergesellschaft. Stuttgart: Kröner 4 (1960), S. 229–246.

*Seidlin, Oskar:* Die Orestie heute. Enthumanisierung des Mythos. In: Von Goethe zu Thomas Mann. Zwölf Versuche. Göttingen: Vandenhoeck/Ruprecht 1963, S. 208–225.

*Seidlin, Oskar:* Goethes Iphigenie – „verteufelt human"? In: Wirkendes Wort. Sammelband III. 1963, S. 280–288.

*Stahl, Ernest L.:* Fluch und Entsühnung in Goethes „Iphigenie auf Tauris". In: Germanisch-romanische Monatsschrift 11 (1961), S. 179–184.

*Storz, Gerhard:* Goethe-Vigilien oder Versuche in der Kunst, Dichtung zu verstehen. Stuttgart: Klett 1953, S. 5–18.

*Werner, Hans Georg:* Antinomien der Humanitätskonzeption in Goethes „Iphigenie". In: Weimarer Beiträge 14 (1968), Heft 2, S. 361–384.

## Zur Wirkungs- und Theatergeschichte

*Braun, Julius:* Schiller und Goethe im Urtheile ihrer Zeitgenossen. II. Abteilung. Bd. 1–3. Berlin: Luckhardt 1883–1885. Reprogr. Hildesheim: Olms 1969.

*Buch, Hans Christoph* (Hrsg.): Von Goethe lernen? Fragen der Klassikrezeption. Reinbeck 1974.

*Eidam, Helmut:* Goethes „Iphigenie" im deutschen Urteil. Würzburg: Triltsch 1940.

*Fischer-Lichte, Erika:* Probleme der Rezeption klassischer Werke – am Beispiel von Goethes „Iphigenie". In: Deutsche Literatur zur Zeit der Klassik. Hrsg. v. *Karl Otto Konrady.* Stuttgart 1977, S. 114–140.

Goethe im Urteil seiner Kritiker. Dokumente zur Wirkungsgeschichte Goethes in Deutschland. Hrsg., eingel. u. komm. von *Karl R. Mandelkow.* T. 1–3: 1773–1918. München 1975–1979.

*Hensel, Georg:* Iphigenie im Op-Oval. In: Theater heute, Heft 10/1966, S. 33–34.

*Hoffmann, P. Th.:* Goethes Iphigenie wiederum nach 50 Jahren. In: Volksbühne Nr. 1/1951, S. 2–3.

*Hritzu, John N.:* Reflections on Stage Directions and Stage Scenery in Goethe's „Iphigenie auf Tauris". In: Monatshefte f. dt. Unterricht, dt. Sprache und Literatur. Madison/Wisconsin 36 (1944), S. 17–23.

*Kaiser, Joachim:* Ein religiöses Stück. Goethes „Iphigenie" in München. In: Theater heute, Heft 2/1966, S. 36–39.

*Kindermann, Heinz:* Theatergeschichte Europas. Bd. 8. Salzburg: O. Müller 1968.

*Kranz, Dieter:* „Iphigenie" von Adolf Dresen in Wien inszeniert. In: Theater der Zeit, Heft 5/1978, S. 33–34.

*Leistner, Bernd:* Unruhe um einen Klassiker. Zum Goethe-Bezug in der neueren DDR-Literatur. Halle a. d. S. 1978.

*Linzer, Martin:* Vorschläge, Lösungen und offene Fragen. In: Theater der Zeit, Heft 6/1970, S. 18–19.

*Mayer, Hans.* Goethe im 20. Jahrhundert: Die Germanisten und Goethe. In: Rezeption der deutschen Gegenwartsliteratur im Ausland. Hrsg. v. *Dietrich Papenfuß* u. a. Stuttgart 1976, S. 43–56.

*Mayer, Hans:* Zwischen Mythos und Aufklärung. In: Theater heute, Heft 12/1977, S. 6–8.

*Melchinger, Siegfried:* Das Theater Goethes. Am Beispiel der „Iphigenie". In: Jahrbuch der deutschen Schillergesellschaft. Stuttgart: Kröner 11 (1967), S. 297–319.

*Piens, Gerhard:* Schwierigkeiten eines nicht realistischen Dramas. In: Theater der Zeit, Heft 21/1963, S. 10–12.

*Pietzsch, Ingeborg:* Entscheidung zur Selbstverwirklichung. In: Theater der Zeit. Heft 23/1968 (Berlin/DDR: Henschelverlag), S. 9–11.

*Rühle, Günther:* Das Lehrstück und das Lernstück. In: Theater heute, Heft 8/1980, S. 8–11.

*Rühle, Günther:* Iphigenie – auf dem Weg zur Schallplatte. In: Theater heute, Heft 3/1981, S. 11–12.

*Ziegler, Klaus:* Zur Raum- und Bühnengestaltung des klassischen Dramentypus. In: Wirkendes Wort. 2. Sonderheft, S. 45–54.


## Weitere benutzte Literatur

*Deetjen, Werner* (Hrsg.): Die Göchhausen. Briefe einer Hofdame aus dem klassischen Weimar. Berlin: Mittler und Sohn 1923.

*Diezmann, August:* Goethe und die lustige Zeit in Weimar. Leipzig: Keil 1857.

*Fischer, Kuno:* Goethe-Schriften. 1. Reihe. Bd. 1. Heidelberg: C. Winter 2. Auflage 1890.

*Jonas, Fritz:* Schillers Briefe. Stuttgart: Deutsche Verlagsanstalt 1895–96.

*Scherer, Wilhelm:* Geschichte der deutschen Litteratur. Berlin: Weidmann 10. Auflage 1905.

*Schiller.* Nationalausgabe, hrsg. von *J.* Petersen und *H.* Schneider. Weimar 1943 ff. Bd. 27: Briefwechsel. Schillers Briefe 1794–1795, hrsg. von *G.* Schulz. Weimar: Aufbau-Verlag 1958.

*Schillers* Briefwechsel mit Körner. Bd. IV: 1797–1805. Berlin: Vejt und Comp. 1847.

*Wulf, Joseph:* Theater und Film im Dritten Reich. Eine Dokumentation. Gütersloh: S. Mohn 1964.